Egon Jameson

Berlin – so wie es war

Egon Jameson

BERLIN
so wie es war

Droste Verlag · Düsseldorf

4., verbesserte Auflage 1973

Druck: Rheinisch-Bergische Druckerei- und Verlagsgesellschaft mbH, Düsseldorf
ISBN 3 7700 0189 3

Fangen wir nach Berliner Art statt jeglicher Einleitung sofort mit einem der Plätze an, die sich mit oder ohne Recht als Berlins geographischer Mittelpunkt rühmten: mit dem Hausvogtei-Platz. In den soliden vielstöckigen Geschäftshäusern der Gegend herrschte die »Lappenbranche«, wie der Volksmund die Konfektion bezeichnete. Die Kleider und Blusen, die Mäntel und was dazugehörte, bewiesen den Spree-Chic. Auch im Ausland erkannte man die Eleganz an, die sich am Strand der Spree entwickelte und so manchen tüchtigen Entwerfer, Schneider und Unternehmer zu einem wohlhabenden Manne gemacht hatte. In den nahen »Reichshallen« sangen die Komiker: »Es weiß der kleine Meier / Als kesser Hausvogteier / Mit Schätzen aus den Fetzen / Den Platz so recht zu schätzen.« Am beliebtesten aber waren die Mannequins, die in den Modeschauen vorführten, was der letzte »Krie« der Mode war. Diese gar zu hübschen jungen »Meechens« waren zwar noch nicht so prominent wie heutzutage, wußten aber auch, wie Kaviar und Sekt schmeckten. Vom Hausvogtei-Platz behaupteten die Kenner, daß hier jeder die Aussicht auf ein gutes Geschäft hatte . . . nämlich auf den Erweiterungsbau der Deutschen Reichsbank, die sich mit zunehmendem Reichtum von der fernen Jägerstraße bis hierher ausgebreitet hatte, wo kurz vor 1900 das »Kontor für Wertpapiere« an der Stelle der Hausvogtei bestand. Sie war seit 1750 ein recht verhaßtes Untersuchungsgefängnis für politische Radaubrüder. Es gab in Berlin Zeiten, in denen mancher harmlose Biedermann eingeliefert wurde, weil man bei ihm Fichtes »Reden an die Deutsche Nation« entdeckt hatte. Sogar Fritz Reuter verbrachte hier einen Teil seiner Rebellen-»Tid«. Natürlich hat der Berliner all die Dramen von dunnemals längst vergessen oder überhaupt nicht zur Kenntnis genommen. Er hatte in der aufblühenden Kaiserstadt gar keine Zeit, sich um die Vergangenheit zu kümmern. Zumeist war er ja »nur« ein Zugereister, über dessen Herkunft man sich in Berlin ab (19)00 keine Gedanken machte. Nicht der Stand der Wiege war entscheidend. Wer kräftig zupackte, war ein Berliner. Wem's nicht behagte, der rückte fluchend aus: Reisende soll man nicht aufhalten. Wer war denn schon in Berlin geboren? Die Aschingers kamen aus Bayern. Der Adlon kam aus Mainz. Der Komiker Otto Reutter stammte aus dem Magdeburgischen. Der Kupferstecher Chodowiecki war Danziger. Lovis Corinth war Ostpreuße. Der Baumeister von Gontard war in Mannheim geboren. Sein Kollege Ludwig Hoffmann wanderte aus Darmstadt ein. Fritz Klimsch begann in Frankfurt. Knobelsdorff war ein Junker aus der Lausitz. Leistikow ging in Bromberg zur Schule. Max Reinhardt fand aus Baden bei Wien den Weg an die Spree. Orlik war ein Prager. Aus Neuruppin kam Schinkel, aus Hamburg Schlüter, der Reichstag-Wallot war ein Kind vom Rhein. Verleger Scherl war ein Düsseldorfer. Die Ullsteins stammten aus Fürth. Kranzler war ein Österreicher.

Hausvogtei-Platz

Jungfernbrücke, Gertraudengracht
Bankhaus Gebrüder Schiekler, Gertraudenstraße

Mampe begann in Köslin, Kempinski kam über Posen und Breslau nach Berlin. Der Eisengießer Schwartzkopf war der Sohn eines Gasthofbesitzers in Magdeburg. Der Apothekerlehrling Schering war ein Prenzlauer. Aus Breslau wanderte der Zimmerhandwerker Borsig an die Spree. Selbst »urechteste Berlin-Typen« wie Heinrich Zille und Claire Waldoff waren nicht in Berlin geboren. Die großzügige Geste, mit der sie alle aufgenommen wurden, ist eines der Geheimnisse, warum diese Stadt zu ihrer Höhe aufstieg. Wie Bühnenkulissen einer schlummernden Siedlung am Flüßchen reihten sich die dreistöckigen Bürgerhäuser in der Altköllner Friedrichsgracht. Sie galt als eines der Steckenpferde des in Holland verliebten Kurfürsten Friedrich Wilhelm. Ausgerichtet wie Soldaten standen die Gebäude da. Wohlhabende Familien bemühten sich, am Ufer der Spree eine Wohnung zu finden. Im Hause Nummer 66 lebten junge Hugenottinnen im Französischen Hof und boten ihre exquisiten Seidenwaren an. Nach ihnen wurde der kleine Übergang die Jungfernbrücke genannt. Sie ist die letzte Zugbrücke in Berlin. Oft stand »Der kleine Stumme«, wie die Bevölkerung den Maler Adolf von Menzel nannte, stundenlang in diesem althollän-

dischen Idyll und machte für seine Flußstudien Aufzeichnungen.
Auf der Gertraudenbrücke, die über den Spreekanal zum Spittelmarkt führt, steht die (mehrfach erneuerte) Bronzefigur der hl. Gertraude, der Schutzpatronin des Gertrauden-Hospitals vor den Toren der cöllnischen Stadtmauer, am späteren Spittelmarkt. Die sehr populäre Dame, die vor 1300 Jahren Äbtissin des belgischen Stiftes Nivelles war, wurde als Schutzgöttin für Touristen verehrt. Auf dem Denkmal erquickt sie einen fahrenden Gesellen mit Wasser aus einem Krug. Die Berliner allerdings meinen, daß sie es tat, weil der Verdurstende sich in ein Restaurant mit Weinzwang verirrt hatte.
Von der Brücke hatte man einen weiten Blick auf Läden und Geschäftshäuser der Gertraudenstraße. Erinnern Sie sich noch des hohen schmalen gotischen Turms, den Sie im Hintergrund erkennen? Ja, er gehört, er gehörte der cöllnischen Stadtkirche, der Petrikirche. Sie hatte die größte und schönste Orgel weit und breit. Um ihre Kanzel zu sehen, kamen Pilger aus aller Welt. Friedrich Wilhelm I. liebte das Gotteshaus. Es sollte, befahl er, den höchsten Turm der Stadt erhalten. Ein Blitz zerstörte die Zier. Ein zweiter Turm brach zusammen. Sofort nach des Königs Tod vernichtete ein Feuer den ganzen Bau. Die neue Kirche endete im Bombenregen von 1944.

Abseits erhob sich in der Gertraudenstraße eines der ältesten Geschäftsgebäude. Das Bild zeigt den Gartenhof mit den Stallungen. Es wurde von dem Berliner Oberbaudirektor und Städtebauer Philipp Gerlach errichtet. Ihm verdankt die Stadt eine Reihe von schönen schlichten Bürgerhäusern des 18. Jahrhunderts. Er ist der Schöpfer des Pariser-, Wilhelm-, Leipziger- und Mehring-Platzes. Als ehemaliger Ingenieur-Offizier hatte er in Diensten des Meistersparers Friedrich Wilhelm I. verstanden, einige Schönheiten aus seinem großzügigen Ausbauplan durchzusetzen. Gerlach erhielt von den Privatbankiers, den Gebrüdern Schiekler, den Auftrag, ein Bankhaus zu errichten, das in den bescheidenen Stil der Zeit paßte, aber dennoch dem mißtrauischsten Kunden den beruhigenden Eindruck finanzstarker Gediegenheit verlieh. Auch diese Aufgabe löste der geniale Architekt. Im »Bankhaus Nummer 16« spielten sich erregende Szenen ab. Hier wurden im Namen der entflohenen Regierung die Kriegstribute an Napoleon ausgehandelt und bezahlt. Auch nach dem Ausscheiden der beiden Gründer behielt das Haus seine Bedeutung. In dem Privatkontor im ersten Stockwerk unterschrieben die Bankiers einen Vertrag mit den Erben eines der größten 70/71-Kriegsgewinnler, des Fabrikanten Joseph Anton Dotti, der zum Ausbau bisher verwahrloster Gegenden um Rixdorf führte.

Gertraudenbrücke mit hl. Gertraud
Gertraudenstraße, Turm der Petrikirche

Es gibt zwei Altberliner Kuriositäten, die völlig unbemerkt existierten. Die eine Sonderlichkeit ruhte in einem uralten, blumengeschmückten Häuschen in der weltentlegenen Parochialstraße, das in keinem Führer je erwähnte Anti-Kriegsmuseum. Die Sammlung bestand aus längst bekannten Abschreckungsbildern und -schriften, die keinerlei Wirkung, wie der Zeitgenosse weiß, ausgeübt haben. Die andere Sehenswürdigkeit war das viersäulige Erbbegräbnis des Stadthauptmanns Christian Koppen, der den Koppenplatz den Armen zu Beginn des 18. Jahrhunderts geschenkt hatte und sich dort vor der Front der Wohnhäuser mit der Familie beisetzen ließ, um unter seinen Freunden in aller Ewigkeit zu weilen. Sehr nahe war der Spittelmarkt, einer der wichtigsten Verkehrspunkte der aufblühenden Stadt. Auf dem Platz stand einst die Gertraudenkirche, später der Spindlerbrunnen. Mittwochs und am Wochenende konnte man für günstig Geld an Rosen, Eiern, Fischen und anderen Erzeugnissen der benachbarten Dörfer erstehen, was man heimtragen wollte. Es war sehr eng und verwirrend geräuschvoll, aber amüsierlicher als auf den vielen Konkurrenzmärkten. Später verdrängten moderne Geschäftshäuser das kleinstädtische Gewimmel. Davon und von der anmutigen Gemäldesammlung von Ravené in der Wallstraße gibt's keine Spur mehr.

Anti-Kriegsmuseum in der Parochialstraße
Erbbegräbnis Christian Koppen
Spittelmarkt von der Beuthstraße aus, 1909 ▷

»Der Stramme Hund« (Kellerlokal)

Cöllnisches Rathaus am Cöllnischen Fischmarkt
Cöllnische Straße

Als Berlin das 20. Jahrhundert mit ausgelassenen Festen begrüßte, schleppten die auch sonst recht rührigen »Abreißer« grade die Mauerreste des Cöllnischen Rathauses am Cöllnischen Fischmarkt an die Spree. Schließlich war die Einigung zwischen Cölln und Berlin bereits vor Jahrhunderten erfolgt. Einst war der breite, sauber gepflegte Platz der Mittelpunkt von Cölln. Abseits standen in zwei Reihen die Tröge mit frisch gefangenen Fischen. Auf dem Platz selbst wurden nur ein paar Buden gestattet. In Nummer 4 wohnte der alte Derfflinger, Sieger von Fehrbellin, dem die Stadt so viel zu verdanken hatte. Die benachbarten engen Gassen bildeten den ältesten Teil der Stadt. Bog man in die Breite Straße ein, so erblickte man das Haus Nummer 8 bis 9, Geburtsort der ältesten berlinischen Tageszeitung, der Vossischen Zeitung, an der auch der in der Nähe wohnende Lessing Mitarbeiter war. Drei Häuser weiter hatte einst Gustav Albert Lortzing das Licht der Welt erblickt. Erreichte man die Brüderstraße (nach den Schwarzen Dominikanern genannt), so betrat man das Haus Nummer 13. Es war das Lessing-Museum im ehemaligen Nicolaihause. Der Dichter hatte in dem Hause seines Freundes, des Schriftstellers und Buchhändlers Friedrich Nicolai, oftmals als Gast geweilt. Auch Chodowiecki, Schadow und Zelter trafen sich hier. Das noch heute bestehende Gebäude in der zur Sackgasse verkürzten Straße dient jetzt als »Institut zur Denkmalspflege«. Die ganze Gegend gehörte dem aus Langensalza stammenden Modehausbesitzer Rudolf Hertzog, der als erster zierliche Schimmelgespanne mit gallonierten Kutschern ausschickte, ganze Seiten in der Presse inserierte, und dem das elektrisch betriebene Automobil A 1 gehörte.

Die enge Sperlingsgasse, die von der Friedrichsgracht zur Breiten Straße führte, verdankt ihren Ruhm dem niedersächsischen Dichter Wilhelm Raabe. Er läßt die Helden seiner »Chronik der Sperlingsgasse« in diesem Milieu bewundernswert »spreeisch« empfinden. Wenn Sie, lieber Leser, auf dem Foto den weißen Wagen mit dem geduldigen Schimmel vor der Bäckerei und Conditorei zur Rechten aufmerksam betrachten, so gewahren Sie das berlinischste Wahrzeichen (wenn man den Superlativ verwenden darf), erregender als den Wiederanblick der dicken Berolina . . . den Bolle-Milchwagen! Ich möchte nicht in den Verdacht des Lokalpatrioten geraten, aber wer nicht schon als Baby seine Bolle-Pulle geschlürft hat, dem Unglücklichen ist, so anständig er auch sein mag, ein immenser Genuß versagt geblieben. Da hinten auf dem Stehplatz des Austrägers haben wir Jungens alle mal gestanden und uns »wie Bolle auf dem Milchwagen amisiert«.

Wir Spreekinder um die Jahrhundertwende kannten keine Babysitter, keinen Rundfunk, kein Fernsehen. Wenn die Eltern abends fortgingen und Minna Ausgang hatte, saßen wir am Fenster. Meinem Bruder gehörten alle Schimmel, die von rechts kamen, und ich war Herr über die weißen Gäule von links. Wer die meisten Hottehüs nennen konnte, bekam seinen Oscar. Die Burgstraße galt für die Welt als die Burg der 4000 Finanzgewaltigen. Da gab's aber noch allerlei anderes von Interesse. Da war der Adlon unserer Großeltern, der Gasthof »Zum König von Portugal«, in dem Lessings »Minna von Barnhelm« spielte. E. T. Hoffmann kreuzte auf, wenn er den Abendtisch verließ, um zu Lutter und Wegner zu steuern. Ein Sohn seines Freundes hat übrigens später die Börse erbaut. Und Theodor Fontane, der als Zwölfjähriger während der Sommerreise der Eltern zum Onkel Aujust in die Burgstraße abgeschoben wurde, erinnerte sich zeitlebens der Wonnen, die er dort genoß: »An Sommerabenden lagen wir im Fenster und sahen die Spree hinauf und hinunter. Es war mitunter ganz feenhaft. In dem leisen Abendnebel stieg nach links hin das Standbild des Großen Kurfürsten auf und dahinter das Schleusenwerk des Mühlendamms. Gegenüber aber lag das Schloß mit seinem Grünen Hut und dem hier noch vorhandenen gotischen Giebel, während sich in der Spree selbst endlose Lichter spiegelten.«

Sperlingsgasse
Hof in der Burgstraße 11–17

Ich bitte um Entschuldigung, wenn ich mich jetzt entschuldige, lieber spät als nie, im Namen von Millionen von Mitberlinern, lebenden und bereits verstorbenen . . . für unser aller schlechtes Benehmen gegenüber unserer Panke. Die Panke ist, wie Sie in Heimatkunde gelernt oder später durch Witzbolde erfahren haben, ein Nebenfluß der Spree, der nach 26½ km aus Bernau »nahe dem Bahnhof Friedrichstraße« in die Spree mündet. Wir Berliner haben die Panke nie ernstgenommen. Während wir unsere Spree, unsere Havel und unsere Seen in alle Himmel gehoben und stolz besungen und befahren haben, sind wir mit der Panke wie mit einer aussätzigen armen Verwandten umgesprungen oder, was noch unentschuldbarer ist, wir haben von ihr keine Notiz genommen. Gewiß, die Panke hat sich in unseren Mauern nie so recht ans Tageslicht gewagt. Sie liebt die Unterwelt. Einmal hatte sie sogar eine Heilquelle geschenkt und veranlaßt, daß um sie herum der Stadtteil Gesundbrunnen mit der Brunnenstraße aufschoß. Selbst der Stadtteil Pankow, der seinen Namen nach dem Wässerchen wählte, hat allerlei Spott über sich ergehen lassen müssen: »Kille, kille, Pankow«. Selbst die Mündung in die Spree geschah unter Ausschluß der Öffentlichkeit, ich habe sie auch erst jetzt zum ersten Male auf diesem Foto entdeckt.

Alt-Berlin hatte auch seinen Damm: Den Mühlendamm,

Weinrestaurant Nadolny, Gendarmenmarkt
Mündung der Panke in die Spree

Mühlendamm, Blick auf die Spree
Mühlendamm-Mühlengebäude, Fischerbrücke 1935

einen wirklichen Damm mit wirklichen Mühlen. Sieben kurfürstliche waren es auf schmalstem Gelände in furchtbarer Enge. Als man sie nicht mehr benötigte, baute man sie in ein städtisches Verwaltungsamt um, dem man den umständlichen Namen Mühlendamm-Mühlengebäude verlieh. Es ähnelte in seiner dreistöckigen Strenge mit einem Aussichtsturm in der Mitte einem Gefängnis, und ich wette, daß die Mehrzahl von uns es auch dafür gehalten hat. Dabei sollte der Berliner grade dieser Stätte besonders dankbar sein; hier schlägt wirklich »Berlins Herz«. An dieser Stelle ging eine Furt durch die Spree. Erst blieben die einen hängen und gründeten das Fischerdorf Cölln. Sodann folgten andere, begnügten sich mit dem, was übrigblieb, und nannten ihre Siedlung Berlin. Sie verdienten als Kutscher ihr Geld, bis sie sich Kapital erspart hatten und günstigere Einnahmequellen erschlossen. Die Fischerbrücke verband die Straßen, und die Mühlendammbrücke überquerte die Schleuse, die man am Ende des vergangenen Jahrhunderts endlich erbaute, um die Schiffspassage ungehindert zu ermöglichen. Bis dahin mußte die unternehmungslustige Berliner Schiffergilde hier ihre Lasten von einem Schiff zum anderen wechseln.

Berlins neuer Fischerhafen in der Gegend von Treptow 1929
Oberbaumbrücke mit Wehrtürmen und Standbild des Bootsbauers, im Hintergrund die Hochbahn

Von den Gründungszeiten der Stadt an war das Schicksal Berlins mit der Spree aufs engste verbunden. Großzügig verbesserte man den Anliegern und Fischern die Einrichtungen, die sie benötigten. Abseits vom allzu engen und geschäftigen Treiben errichtete man ihnen in der Gegend von Treptow einen neuen Hafen. Im Hintergrunde des nächsten Fotos erkennt man die beiden zinnenreichen Wehrtürme der Oberbaumbrücke. An dieser Stelle wandelt sich der ins Berliner Zentrum einfließende schöne breite Strom in einen übergeschäftigen, überfüllten schmutzig grauen Fluß . . . sehr zum Kummer der stolzen Naturfreunde. Zwischen Hinterhäusern, Speichern, staub- und rußverbreitenden Fabriken, Mörtelwerken und Müllabladestellen stauen sich die Spree-, Elb- und Oder-Zillen, die mit Riesenkranen und auch mit Schubkarren die eingebrachten Waren aus der ganzen Welt in die Lagerhäuser schleppen. An dieser Stelle war schon im 19. Jahrhundert eine hölzerne Zugbrücke. An ihr war ein Baum so befestigt,

Blick von Alt-Cölln auf Alt-Berlin 1900 von der Straße an der Fischerbrücke

Standesamt I und II, Altstadt und Friedrichstadt

daß er nachts quer über die Spree gelegt werden konnte, um die Durchfahrt zu verhindern. Das nannte man den »Oberbaum«. Die heutige Oberbaumbrücke ist trotz ihrer Spitzbogen und Märkischen Backsteine keine umgebaute Burg. Sie wurde erst 1895 errichtet, um die dahinter fahrende Hochbahn zu verdecken. (Seit der Errichtung der Mauer ist diese Strecke eingestellt.) Betrachtet man das Foto näher, so sieht man rechts eine von zwei großen Figuren auf hohen Podesten. Der eine ist ein Bootsbauer. Der andere stellt einen Preisruderer dar. Für beide ist hier längst kein Platz mehr. Aber die Berliner sind stolz darauf, daß man diese Monumente an eine vergangene Zeit erhalten hat. Sehen Sie das weiße Geländer, das ein wenig aus der Uferstraße hervorlugt? Es ist eine Dampfer-Anlegestelle, und all die schönen Erinnerungen an eine Sternfahrt tauchen auf. Man hört im Geiste das fröhliche Bimmeln des Kapitäns, der noch Passagiere herbeilocken wollte. Auch die Spree ist nicht mehr die alte, die freie, und selbst diese Ausflüge hemmt der Eiserne Vorhang.

Pension Sauerzapf

HANS

3,3 Kilometer lang und schnurgerade war die als Paradestraße geplante Friedrichstraße zwischen dem Halleschen und dem Oranienburger Tor. Sie war die längste Straße der Innenstadt. Die Strecke zwischen der Leipziger Straße über die Linden bis zur Weidendammer Brücke galt mit ihren Geschäften, Hotels und Bierhäusern als Mittelpunkt der nächtlichen Vergnügungsstätten. An der Brücke am Weidendamm hörte der Großstadtcharakter plötzlich auf. »Hier mache man kehrt«, riet der Vorkriegs-Grieben-Reiseführer, »da der weitere Lauf der Straße dem Fremden nichts Sehenswertes mehr bietet.« Touristenführer lockten sensationslüsterne, zahlungsfähige Opfer über die Brücke in Seitengassen hinter dem Oranienburger Tor in schummrig-rot beleuchtete Keller der Unterwelts-Sparvereine. Es war, man glaube es, kein Viertel so schlimm, wie es lokalpatriotische, auf Chicago eifersüchtige Reporter ausmalten. Denn in der Friedrichstraße hinter dem Weidendamm lebten recht ehrsame Kleinbürger. Die Spree-Uferstraße Am Weidendamm hatte keine Weide mehr, und auch von einem Damm war keine Spur geblieben. Man konnte sich aber vorstellen, wie hübsch es in dieser Parallelstraße zu »Unter den Linden« im Schmuck der Spreeweiden ausgesehen haben mag. In den Häusern lebten die Segelmacher und Schiffsbauer über ihren Werkstätten. Da waren Kellerkneipen, in denen sich die Meister und – an Nebentischen selbstverständlich – die Gesellen trafen.

Hier an der Touristengrenze vor der Weidendammer Brücke war (seit 1911) der Admiralspalast ein imponierend großes Gebäude nach amerikanischem Vorbild als Vergnügungshalle für jeden Geschmack mit Kino, Eisrevue und Luxusbad zusammengefügt. Es war alles so pompös wie der Name, den die schlichten Zillen-»Kapitäne« (oft waren's auch Steuermänninnen) so gar nicht mochten. Er wurde erst populär, als der Revue-Experte Hermann Haller alles in eine turbulente erstklassige Ausstattungsrevue-Arena umwandelte. Daneben war am Fluß (seit 1908) die »Komische Oper« entstanden, ein mit modernem Barock überladenes Gebäude, dessen Geschichte selbst eine komische Oper war. Auch jenes Theater mochten die Berliner nicht. Man ging nicht hin. Gründe gab man nicht an. Erst als ein volkstümlicher Vaudeville-Unternehmer, James Klein, nach 1924 mit reißerischem Tingeltangel recht derb und eindeutig wurde, füllten sich die Kassen.

Als wachsende Großstadt lag Berlin günstig. Es hatte etwas, was es nicht hatte und worauf es deshalb sehr stolz war: es hatte kein Klima . . . wie die meisten anderen Konkurrenten in der Welt. Das Wetter war wie der Berliner von gediegen normal verläßlichem Durchschnitt: Berlin war von jeher eine gesunde Stadt. Man

◁ Weidendammer Brücke, Pferdedroschken am Weidendamm

◁ Schleppdampfer auf der Spree

Großstadtverkehr auf der Weidendammer Brücke

hatte eine Schwäche für Hygiene. Schon um 1750 hatte ein Arzt vor den nördlichen Toren einen Gesundbrunnen entdeckt. Um den Wunderquell scharten sich Gärtner, Forstarbeiter und Gemüsebauern. Sie dienten der Siedlung auch treu, als der Zauber endete. Vom Gesundbrunnen blieben nur der Name für den Stadtteil, die Bezeichnungen der Brunnen- und Badstraßen und das Luisenbad, das zumindest den jeweiligen Unternehmer gesund erhielt.
Berlin erkannte in seinem Pflichtbewußtsein für Hygiene als eine der ersten Großstädte auch die Notwendigkeit von öffentlichen Erholungsparks. Schon der Alte Fritz öffnete seinen Tiergarten als Lunge der Stadt, und die Räte der City von 1840 ehrten die 100jährige Wiederkehr seiner Thronbesteigung, indem sie im zu dumpf gewordenen Nordosten einen 50 Hektar großen Garten aus Weinbergen und Sandboden erschufen, den Friedrichshain. Nach 25 Jahren unternahmen sie hier einen weiteren, überall bewunderten Schritt im Interesse der Volksgesundheit: sie eröffneten das erste städtische Krankenhaus. Noch vor dem Ersten Weltkrieg stellte der als zu modern geltende Leiter des städtischen Bauwesens (von 1896 bis 1924), der Darmstädter Ludwig Hoffmann, nach seinen, wie er es selbst aus-

Gesundbrunnen, Badstraße 35, Hof des Luisenbades mit »Eisernem Ritter«

Straße am Friedrichshain von der Kniprodestraße

Märchenbrunnen am Zugang zum Friedrichshain

Auf dem Wege zur Zentralmarkthalle in der Neuen Friedrichstraße. Von hier die Landsberger Allee entlang ging es zum Zentralviehhof

drückte, »Geschmacksinseln« wie dem Neuen Stadthaus, dem Märkischen Museum usw., einen »Märchenbrunnen« am Zugang des Friedrichshains mit Dornröschen, Hänsel und Gretel, dem Menschenfresser, Rübezahl auf. Nach dem Zweiten Weltkrieg entstand auf den Hügeln zugeschütteter Luftschutzanlagen eine Konkurrenz zum Kreuzberg: Monte Klamott, daneben ein Freilichttheater für 3000 Personen und eine neue Beerdigungsstätte für die Opfer der Aufstände von 1848 und 1918.
Auch in der Ernährung liebte der Berliner keine Extravaganzen. Außer Eisbein und der Weißen »mit« (einem Schuß Himbeersaft) begnügte man sich mit der gediegenen bürgerlichen Küche, solange man satt wurde und gesund blieb. Ab- und Zunehmekuren wurden wie Diäten vom Doktor in Krankheitsfällen verschrieben. Der Kalorienfimmel mit der Schlankheitslinie schlich sich erst später ein. Vom Hunger Berlins lebte die ländliche Umgebung. Ab Mitternacht trabten die Pferdegespanne, und fuhren später die Lastautos bis hoch oben

mit Kisten und Säcken beladen mit dem Ziel Neue Friedrichstraße nahe dem Alexanderplatz, allwo die Zentralmarkthalle mit Hunderten von Händen alles aufgriff. Einst stand hier die Stadtmauer. Da war nicht viel Platz geblieben. In bedrückender Enge jonglierten die Kutscher und Träger ihre Gefährte, Karren und Kisten hindurch. Für Zuschauer wie in den Pariser Hallen war da kein Raum. Ein paar Schritte weiter öffnet sich der Alexanderplatz, sprich: Alex, noch heute mit den neun mündenden Straßen einer der wichtigsten Verkehrsmittelpunkte der Altberliner Innenstadt. Von hier aus entwickelte sich ein für damalige Verhältnisse gewaltiger Frachtverkehr nach und von Frankfurt an der Oder, Landsberg, Prenzlau und Oderberg. Am Rande der Chausseen stellten die Bürger ihre Wohnhäuser auf. Bis Anfang des 19. Jahrhunderts war hier ein Militär-Paradeplatz. Den Namen verdankt er dem Zaren Alexander. Die Städteplaner aller Epochen haben sich ihre Köpfe zerbrochen, um den ungefügen Raum anmutiger zu gestalten. Es wollte nicht glücken. Als Kaiser Wilhelm II. auf den Thron stieg, glaubte er die rettende Idee zu haben. Die recht umfangreiche Sagenfigur Berolina (Statue und Granitsockel je 7 Meter hoch) zur Begrüßung des italienischen Königs Umberto auf den Potsdamer Platz gestellt, sollte, so meinten Majestät, dem Alexanderplatz »sehr gut zu Gesicht stehen«. Also wanderte die »O. D.« (= Olle Dicke) auf den Alex und blieb dort als Zielscheibe so manchen urwüchsigen Witzes, bis man sie 1944 einschmolz.

Das prominenteste Gebäude war das ehemals Königliche Polizeipräsidium. Es war mit seinen fast 16 000 Quadratmetern einer der umfangreichsten Komplexe an der Spree.

Alexanderplatz 1909. Rechts im Bild auf einem 7 Meter hohen Sockel die Berolina, gegenüber eine der Aschinger-Filialen

Alexanderplatz 1932, zu einem der modernsten und verkehrstechnisch vorbildlichsten Plätze mit U- und S-Bahn-Station umgebaut. Rechts das Hochhaus mit Dachgartenrestaurant ▷

Kriminalgericht ▷

DACHGARTEN
WERTHEIM
ALEXANDERPLATZ HERMANN TIETZ
ADLER
Vortragsaal
Rippa
U
NDER-SCHUHE

Fünf Jahre lang brauchte man, bis man den recht düster wirkenden Rotsteinbau 1890 vollendet hatte. Auch als die Pickelhauben der Blauen von den republikanischen Grünen verdrängt wurden, änderte sich in dem preußischen Scotland Yard nichts. Der »Rote Alex« blieb das 24 Stunden wache Hauptquartier mit einem Steckbriefarchiv, das der Schrecken der internationalen Verbrecherwelt und die gepriesene Hilfe ihrer Verfolger war. Einige Kriminalkommissare, vor allem der Mordkommission, erfreuten sich weit über die Grenzen der Stadt einer großen Beliebtheit.
Das südliche Stück der Friedrichstraße endete in einem Rondell, der runden Parkanlage des Belle-Alliance-Platzes (heute: Mehring-Platz). Es war die Idee des Oberbaudirektors Philipp Gerlach (1720) gewesen, der eine Parkanlage auch für seine Pariser-, Leipziger- und Wilhelm-Plätze durchgesetzt hatte. Die Friedenssäule

Belle-Alliance-Platz mit Friedenssäule ▷

Blücherplatz, Hochbahn Hallesches Tor ▷

Die schweigsamste Berlinerin: sie hält den Rand . . . allerdings nur an einem Brunnen nahe dem Rathaus

Der wanderlustigste Bau: die Kolonnaden von Gontard, 1770 standen sie am Spittelmarkt, 1900 am Alexanderplatz und ab 1910 im Kleistpark, Potsdamer Straße

COMMERZ UND PRIVAT BAN
HAUS SABO
E.A. GEY
COMMERZ UND PRIV

Stollwerck's
Adler Cacao

(18,8 m) hatte man 1840 bei der 25jährigen Friedensfeier nach der Schlacht von Waterloo enthüllt. (Belle Alliance war nur der Name eines nahen Wirtshauses gewesen, in dem der Brite Wellington den Siegesbericht über Napoleon geschrieben hatte.) Die bronzene Viktoria war vom Bildhauer Christian von Rauch, dem die Stadt so mannigfaltige klassizistische Denkmäler verdankte. Ein Vierteljahrhundert später fügte man die vier Marmorgruppen der Siegerstaaten Preußen, England, Niederlande und Hannover hinzu. Den benachbarten Blücherplatz nannte der Volksmund und die Hochbahnverwaltung nur immer »Hallesches Tor«, das Tor nach Halle hatte hier gestanden, bis der Bückeburger Architekt Johann Heinrich Strack als sein letztes Werk an zwei erhaltene Torgebäude mit Bogenhallen eine Gruppe stilgleicher Wohnhäuser baute (1879). Inzwischen sind auch die Tore verschwunden.

Einer der liebevoll gepflegten Mini-Parks im steinernen Häusermeer der Innenstadt war der Dönhoffplatz. Seinen Namen verdankt er General Alexander Dönhoff, der von König Friedrich Wilhelm I. zum Kommandanten von Berlin ernannt wurde. Zwischen den Büschen ragten zwei Denkmäler freiheitsliebender Staatsmänner in den Berliner Himmel, deren Anblick keineswegs nur dem Lokalhistoriker zu denken gab: Kanzler Fürst von Hardenberg und Freiherr vom Stein. In unmittelbarer Nähe dieser grünen Oase in der Koch-, Zimmer- und Jerusalemer Straße war die Presse-Burg. In diesem Stadtviertel ohne Schlaf wurden Zeitungen und Zeitschriften in Millionenauflagen gedruckt und mit Fahrrädern, Lastautos, Schnellwagen und Flugzeugen zu den Händlern geschafft. Männer wie Scherl, der den Typ der modernen Tagespresse nach amerikanischem Vorbild einführte, Mosse und Ullstein waren weltberühmte Verleger geworden.

Dönhoffplatz, Denkmal des Kanzlers von Hardenberg

»Die Morjenpost, Bezett, Bezett, Bezett am Mittach!«

Keine zehn Minuten nach dem Druck war sie auf der Straße: Rennfahrer jagten in die Seebäder, weitere Ziele wurden angeflogen ▷

tein
B.Z. am Mittag
Kochstrasse
22-26

ULLSTEIN
ULLSTEIN
Seebäder-
Dienst
Ullstein.

B.Z.-Mittag
HUTA

◁ Ullsteinhaus, Kochstraße

◁ Groß und klein gut behütet vor dem »Niagarafall«

Die Sezession: Saal mit Gemälden von Franz Marc

Die Hiobsgruppe von Joachim Karsch

Klein, aber mein, pflegte der Berliner zu sagen, wenn ihn die Umwelt wegen seines höchsten Berges, des 66 Meter »hohen« Kreuzberges, hänselte. Am »Abhang« ist seit 1894 der Viktoriapark: »Ein gießbachartiger Wasserfall in künstlicher Felsenschlucht«, preist Baedeker noch 1914 an, »läuft vom 1. Mai bis 15. Oktober täglich acht Stunden und wird Mittwoch und Sonnabend abends 9–10 Uhr farbig beleuchtet«. Auf der Höhe ist das Nationaldenkmal für die Befreiungskriege gegen Napoleon.

Seit 1786 war die alljährliche Eröffnung der Berliner Kunstausstellung am Lehrter Bahnhof ein hofgesellschaftliches Ereignis. Gleich nach der Thronbesteigung wurde auch Kaiser Wilhelm II. zum Kunstförderer. Seine Freude am Monumentalen und der Wunsch, Berlin nach seinem Geschmack zur schönsten Stadt der Welt zu gestalten, zwangen Künstler wie den genialen Adolf von Menzel und den Bildhauer Reinhold Begas die wilhelminische Richtung anzuerkennen. Des Kaisers marmorweiße »Siegesallee« im Tiergarten mit den 32 Standbildern brandenburgisch-preußischer Herrscher, »Gipspüppchen-Kitsch« genannt, brachte noch vor Beginn des 20. Jahrhunderts den Zusammenschluß fortschrittlicher Gegner in der »Sezession« mit Ausstellungshallen im Garten des Theaters des Westens und schließlich am Kurfürstendamm mit Max Liebermann, Walter Leistikow und Lovis Corinth an der Spitze.

Auch an anderen Stätten wie in den Galerien des Vereins der Berliner Künstler, der Händler Eduard Schulte, Gurlitt, Paul Cassirer und in den Hallen der Kubisten und Futuristen, im »Sturm« konnte man sich über umstrittene Richtungen unterrichten. Nach des Kaisers Flucht zogen die »Modernen« sogar in die National-Galerie ein, die im früheren Kronprinzenpalais eingerichtet wurde.

Für 5 Groschen konnte man sich täglich, auch sonntags, zwischen 11.30 und 13.30 Uhr durch den Königlichen Marstall in der Breiten Straße an der Ecke des Schloßplatzes führen lassen. Es war der erste Neubau Berlins im zwanzigsten Jahrhundert. Der Elberfelder Architekt Ernst Eberhard von Ihne schuf im Renaissancestil ein prachtvolles Heim für die 300 königlichen Pferde und die Kutschen des Hofes mit einer Schloßplatz-Front von über 90 und einer Spree-Uferlänge von 176 Metern,

CIGARREN

schmückte Gänge und Wände mit antiken Krieger-Steinfiguren. In den Revolutionstagen nach dem Ersten Weltkrieg befand sich hier das Hauptquartier der meuternden Volksmarine-Division. Heute dient der Ex-Stall als Haus der Volkskunst und Zentrale der Ostberliner Stadtbibliothek mit 800000 Bänden.
Eine andere Sehenswürdigkeit von »dunnemals« war das dreistöckige Rokoko-Palais des Berliner Hofjuweliers und Bankiers des Alten Fritzen, Veitel Ephraim, das er sich 1766 an der einst prominenten Stelle Poststraße/Ecke Mühlendamm hatte erbauen lassen. Ephraim hatte vom König die preußische Silber- und Gold-Manufaktur gepachtet und den Siebenjährigen Krieg mitfinanziert. Auf Befehl des Monarchen mußte er 1758 minderwertiges Gold prägen, was zu bösen Angriffen auf ihn führte. Lange hat er sich seines Prunkhauses mit den hundert Fenstern nicht erfreuen können. Er verpachtete das Palais der Stadt. Wer sich mit dem Anblick der einzelnen Teile begnügt, kann sie in der

◁ Marstall am Schloßplatz, 1918
◁ Ephraim-Palais Poststraße 16, 1913

Gerberei im Hofe der Stralauer Straße . . . ein längst verschwundenes Gewerbe aus einer vergangenen Epoche

Durchblick vom ersten zum zweiten Hof einer Zeugschmiederei in der Stralauer Straße

Spandauer Zitadelle bewundern, wo man sie 1935 nach der Abtragung untergebracht hatte, um alles später an einem anderen Platz wiedererstehen zu lassen. Beim Weiterstreifen verirrte sich der Spaziergänger im Gehege leerer Gassen aus ältester Zeit. Erst wenn er über den Dächern die kupferne Figur einer Glücksgöttin entdeckte, wußte er, daß er wieder in die Neuzeit zurückgefunden hatte: es war die Fortuna über dem Stadthaus, das Meister Ludwig Hoffmann nach neunjährigem Schaffen im Jahre 1911 mit einer 443 Meter breiten Front im Straßenquartett der Kloster-, Stralauer-, Parochial- und Jüdenstraße vollendet hatte. Es war als Filiale des Rathauses in der nahen Königstraße vorgesehen. Mit einem Kostenaufwand von 7 Millionen Goldmark wurde das Kolossalgebäude aus Muschelkalkstein auf 11 $\frac{1}{2}$ Tausend Quadratmeter enttrümmerten Boden aufgestellt. Was konnte überzeugender die Entwicklung der königlichen Residenz zur Weltstadt vor Augen führen als dieses imposante zweite Verwaltungsgebäude! Seit der Trennung herrscht im Stadthaus der Vorsitzende des Ministerrats von Ost-Berlin.

Von jeher war der Spree-Athener ein musikliebendes Individuum. Wo immer sich ein Saal befand, wurde er von Freunden der Tonkunst verwertet. Einer der prominenten Förderer war der Musiklehrer und Hofopern-Cembalospieler Karl Friedrich Fasch, der schon am Ende des 18. Jahrhunderts eine überall in der Welt nachgeahmte Vereinigung unter dem Titel »Singakademie« begründete. Sein Nachfolger wurde Goethes Freund und Liederkomponist, der sehr aktive Maurermeister Karl Friedrich Zelter. Er schuf die erste Berliner Liedertafel und galt seither als der Vater all der Gesangvereine, die sich in Berlin und im ganzen Reiche so erfolgreich betätigten. Zelter schenkte seiner Gemeinde einen Konzertsaal im Kastanienwäldchen Unter den Linden, den der Braunschweiger Karl Theodor Ottmer im Geiste Schinkels entwarf. Die Akustik wurde das Vorbild für spätere Bauten in der ganzen Welt. Bald mußte ein rechter Flügel hinzugefügt werden. In diesen Hallen versammelte sich seit 1827 die Elite der geistigen Gesellschaft und bot Genüsse der Tonkunst, wie sie keine andere europäische Stadt zu bieten imstande war. Hier dirigierte Mendelssohn am denkwürdigen 11. März 1829 die vergessene Matthäuspassion und sicherte dem bisher unterschätzten Johann Sebastian Bach die Anerkennung seines Genies.

An dieser Stätte stellte sich Alexander von Humboldt den Berlinern in volkstümlichen Vorträgen über den Ursprung seines »Kosmos« vor und schuf die Verbindung zwischen dem Bürgertum und den Problemen der neuen Wissenschaften. Hier im Kastanienwäldchen erwarteten 30 vierspännige Kutschen mit jauchzenden

Stadthaus mit Fortuna, 1922

Alte Gasse im Fischerkietz, dem ältesten Teil der Stadt

Studenten den scheidenden Franz Liszt nach seinem 21. Konzert, um ihm das Ehrengeleit aus der Stadt zu geben. Die großen Oratorien, die sich die Singakademie als Spezialistin vorbehalten hatte, rechneten zu den Höhepunkten der Saison. Unter der Ostberliner Verwaltung wurde der an Erinnerungen so reiche Musiktempel zum Maxim-Gorki-Theater.

1937 – 700-Jahrfeier Berlins

1237 Berlin zählt wie Cölln von diesem Jahre an
1280 Berlin als erste Münzstätte östlich der Elbe bezeugt
1307 Berlin und Cölln bauen gemeinsam ein drittes Rathaus
1319 Berliner Kornhandel mit Hamburg
1373 Kaiser Karl IV. in den Mauern Berlins
1376 und 1380 vernichten Brände fast die ganze Stadt
1415 Erbhuldigung des Landes vor Kurfürst Friedrich I. in Berlin
1470 Schloß zu Cölln ständige kurfürstliche Residenz
1432 Berlin und Cölln vereinigen sich erstmals zur Gesamtstadt
1567 schwere Verluste durch die Pest
1786 Einwohnerzahl 150000
1806–1809 französische Besatzung
1810 Wilhelm von Humboldt errichtet die Universität
1848 Einwohnerzahl 400000

Historischer Festzug 1937

Im Winter waren die Sinfoniekonzerte der Königlichen Kapelle im Königlichen Opernhaus unter Richard Strauss bereits im Abonnement vergeben. Nur Stehplätze waren für 1 Mark oder Sitze zu den Hauptproben, den sogenannten »Sinfonie-Matineen«, zu haben. Auch vor den philharmonischen Konzerten, die Artur Nikisch in der Philharmonie dirigierte, konnte man erschwingliche Karten zu den Proben bekommen. Ähnlich war es mit den Veranstaltungen, die Siegfried Ochs leitete. An drei Abenden in der Woche gab es zu den volkstümlichen Sinfoniekonzerten während der Wintersaison Plätze für 80 Pfennige und 1 Mark. Sehr besucht waren die musikalischen Abende in der Kaiser-Wilhelm-Gedächtniskirche (zweimal monatlich kostenfreie Orgelkonzerte), in der Marienkirche, der Petrikirche und der Heiligenkreuzkirche, aber auch die Darbietungen des Stern'schen Gesangvereins, der Männerchöre des Berliner Gesangvereins und der Berliner Liedertafel. Künstler aus der ganzen Welt hielten es für eine Ehre, sich den musikverständigen Berlinern vorzustellen. Für sie standen zahlreiche Konzertsäle zur Verfügung. Auch die leichte Unterhaltungsmusik war allerorts zu hören ... im Konzertsaal Clou in der Zimmerstraße, in den Gärten von Kroll und in den Zelten im Tiergarten, im Ausstellungspark am Lehrter Bahnhof, bei Tivoli auf dem Kreuzberg. Die Militärkapellen lockten die Mengen auf die berüchtigte Flanier-Läster-Allee im Zoologischen Garten und in die Brauereigärten, die überall zu finden waren.

Die breite, imposante Front der Börse, die sich die Berliner Kaufmannschaft am Ufer der Burgstraße von Friedrich A. Hitzig hinstellen ließ, zeigte zwar in der Vorhalle das Marmordenkmal Kaiser Wilhelm I. als Gesetzgeber, war aber eher als eine Art Trotzburg gegen das nahe Schloß auf der gegenüberliegenden Seite gedacht. Die 4000 Mitglieder wollten ihre Macht, die sie darstellten, vor Augen führen. Der Hauptsaal, mit Stuckmarmor ausgestattet, hatte drei durch Säulen geteilte Abteilungen für Fonds, Staatspapiere und Produkte. Besichtigung kostete während der beiden Börsenstunden am Mittag 30 Pfennige. Beim Brande der Stadt fiel auch die Börse in Trümmer. Seit 1954 begnügt man sich in West-Berlin mit Räumlichkeiten in einem modernen Sechseckhaus in der Hardenberg-, Ecke Fasanenstraße in friedlicher Nachbarschaft mit der Industrie- und Handelskammer. Mit der ehemals königlichen, später republikanischen Münze in dem düsteren, teilweise vergitterten Gebäude in der Unterwasserstraße hat sich der Berliner nie so recht befreunden können. Den Sandsteinfries an der Front, der die »Gewinnung und Behandlung der Metalle« darstellte, hielt er für reichlich

Börse, Spreefront um 1930, erbaut 1859–1864 von Hitzig ▷
Münze von der Schleuse aus, 1934 abgerissen, an ihre Stelle trat der Reichsbank-Neubau ▷

Zeitungshaus Rudolf Mosse, Extrablätter
Singakademie nach Entwürfen von Schinkel

Gymnasium zum Grauen Kloster, älteste hohe Lehranstalt Berlins
Preußischer Landtag in der Prinz-Albrecht-Straße, 1925

überholt. In all den Jahrzehnten wurde die Stätte fortlaufend vergrößert und modernisiert. Da jeder Zutritt aus verständlichen Gründen verboten war, begnügte sich die Bevölkerung mit der Gewinnung und Behandlung der jeweils entstehenden »Produktion«. Die Ostregierung setzte ihren Kulturminister in das Haus.
Kehren wir noch einmal in die Klosterstraße zurück. Hier stand die älteste märkische hohe Lehranstalt. Das Graue Kloster. Kurfürst Johann Georg hatte das Gymnasium 1574 aus einem damals schon dreihundertjährigen Franziskanerkloster geschaffen. Hier ging Friedrich Ludwig Jahn zur Schule und wurde Lehrer. Auch die drei berühmtesten »Berliner Sch« besuchten die Anstalt: der Bildhauer Gottfried Schadow, der Philosoph Friedrich Schleiermacher und der Baumeister Karl Friedrich Schinkel. Otto von Bismarck bestand hier sein Abitur. Die zum Kloster gehörende Klosterkirche (1290 aus Backstein erbaut) hat im Zweiten Weltkrieg schwer gelitten. Es sind nur die gotische Front, eine Mauer und ein Teil des ungewöhnlich schönen mittelalterlichen Chors erhalten. Das Gymnasium hat sich nach West-Berlin absetzen können.

An den Grünanlagen des Leipziger Platzes in der Leipziger Straße 3 bis 4 (gegenüber dem zerstörten Warenhaus A. Wertheim) hatte das Königreich Preußen für die 300 Mitglieder des Herrenhauses einen italienischen Renaissance-Palast errichtet. Der oberen preußischen Kammer gehörten die großjährigen Prinzen des Königshauses, die Repräsentanten der reichsdeutschen Häuser und des Hochadels und meist vom König ernannte Regierungsoberhäupter an. Haus und Sitzungen durften besucht werden. Im Seitenflügel befanden sich die Wohnungen der Präsidenten beider Kammern. Ein Gartenpfad führte »Nur für Regierungsmitglieder« zum »unteren« Parlament, dem Preußischen Abgeordnetenhause in der Prinz-Albrecht-Straße 5–6. Im Saal waren Sitze für 420 Vertreter vorhanden. Auch hier konnte man sich Eintrittskarten für eine Tagung und eine Führung verschaffen. Die Republik, die beide Instanzen abschaffte, benutzte die Räume für ihre parlamentarischen Zwecke. Nach 1933 diente das Gebäude in der Prinz-Albrecht-Straße der Geheimen Staatspolizei. Im Kriege wurden die Häuser zerstört. Die Ostzonenregierung richtete sie notdürftig für Verwaltungsämter her.

Der Potsdamer Platz ist, nein er war keineswegs Berlins größter Platz. Selbst wenn man ihn, was der Berliner gern tat, mit dem benachbarten Leipziger Platz zusammenwarf. Dafür aber war er die erste Weltstadthölle, die man in Europa kannte. In jedem Vorkriegsführer warnte man: »Erst überschreiten, wenn das Wachkommando das Zeichen gegeben hat!« Hier wuchs auch der erste mitteleuropäische Verkehrssturm in diesen Dimensionen auf (von Berichtigungen wird gebeten, Abstand zu nehmen). Von allen Windrichtungen öffneten gewichtige Seitenstraßen ihre Schleusen, Straßenbahnen bimmelten durcheinander, Pferdebusse . . . auch Autokolosse . . . und die Untergrund- . . . und die Wannseebahn . . . und die Ringbahn . . . wo gibt's, ich wollte schreiben, wo gab's denn das noch! Hotels und das Café Josty. Wer von den Großen jener Zeit träumte dort auf der Terrasse nicht von den Wundern der kommenden Zeiten! Unten neben einem der Büsche hockte die Veilchenjule und bot den vorübereilenden Kavalieren seit 1910 ihre Maiglöckchen an: »Herr Jraf, sowat verjißt Sie keene Fürstin nie!« Und die athletischen Bierkutscher juckelten mit

Herrenhaus in der Leipziger Straße, 1900

Nageln
Urbin
Prima !
Rind. Schweine Wurst
Maria Preukzat

Siphons
DAUER

ihren schweren Wagen vorüber: »Männeken, beklecker dir man nicht deine Seidenschirze!« Und zur Seite in den Palästen am Leipziger Platz regierten die Strategen der Berliner Straßenbahn. Und dort führte der feudale Zugang zur Eingangshalle des Kaiserlichen Automobilclubs. Am Ende des Leipziger Platzes stieg der Architektentraum eines eleganten Warenhauses auf, von Messel erdacht und nach siebenjährigem Schaffen 1904 Wirklichkeit geworden. Berlin war so stolz, und noch stolzer, als das Kaufhaus nach sieben Jahren vergrößert werden mußte. Der bebaute Raum bedeckte fast 19000 Quadratmeter, die Fassade war 226 Meter lang. Die Sensation hatte sich der Begründer A. Wertheim selbst ausgedacht, das Versprechen: »Kein Kaufzwang!« Es war die Geburtsstunde des »Sehmannes«. Heute ist hier nichts mehr zu sehen als weithin Stacheldraht und Mauern und als einziger Lichtblick die Leuchtschriften-Nachrichten, die die Journalisten aus dem Westen in das Berlin nebenan schicken.

◁ Frau Lehmann, die beste Propaganda für den Nährwert ihrer heißen Würstchen

◁ »Es rollt das Bier und will sein Opfer haben.« Bierkutscher der Schultheiß-Brauerei

»Blumen, frische Blumen!« Die Blumenfrauen vom Potsdamer Platz

Varieté im Oranienburger Viertel

Wenn der Berliner dem kunstfreudigen Besucher aus Städten wie Rom oder Paris oder München die Schönheit seiner geliebten Stadt vorführen wollte, stellte er sich mit ihm im Lustgarten mit dem Blick auf die 18 ionischen Säulen des Alten Museums auf und labte sich an dem Entzücken des überraschten Gastes, als ob er und nicht das Genie Schinkel es erschaffen hätte, diese Stätte der Kunst aus dem griechisch-römischen Altertum. Die 300 Marmorwerke, die der Alte Fritz gestiftet hatte, waren der Grundstock. Ankäufe haben es dann erheblich erweitert.
Unweit von diesem Museum steht Unter den Linden eine andere Schinkel-Schöpfung: die Neue Wache. Sie wurde als Ersatz für die Königswache in einem Gemisch von römischen und griechischen Stilen nach Art einer altrömischen Feste, eines Castrum, geformt. Zwischen zwei im Deutsch-Französischen Kriege eroberten Geschützen postierte man die »Belle Josephine« von der Pariser Vorfestung Mont Valérien, die sich unter dem Spitznamen »die niedliche Valeria« bei der Berliner Jugend großer Beliebtheit erfreute. Eine noch stärkere Anziehungskraft übte die Militärkapelle aus, die zur Wachablösung an jedem Mittag aufmarschierte. Hindenburg wandelte die Stätte in ein Ehrenmal für die Gefallenen des Weltkrieges um. Die Ostzonenregierung dagegen widmete sie dem Gedenken der Opfer des Militarismus und Faschismus.
Zwischen dem Brandenburger Tor und den vielgerühmten Unter den Linden lag der Pariser Platz. Eines seiner imposantesten Gebäude war der Palast des Grafen Arnim, in den zu Beginn des 20. Jahrhunderts die Königliche Akademie der Künste einzog. Sie war einst auf Anregung des gelehrten Leibniz von Kurfürst Friedrich III. und seiner Gemahlin Sophie Charlotte zur Beratung der Regierung in allen Fragen der Kunst und zur Ausbildung eines Nachwuchses ins Leben gerufen worden. Mit Ausstellungen hielt man das Interesse weiter Kreise für die Kunst wach. Im Jahre 1926 wurde noch eine Abteilung für Dramatik hinzugefügt. Nach der Teilung der Stadt entstanden gleich zwei Nachfolger der Akademie. Im Osten eröffnete man die »Deutsche Akademie für Künste« am Robert-Koch-Platz. In West-Berlin fand die Akademie ein Heim im Hansa-Viertel am Hanseatenweg 10.

◁ Lustgarten, im Hintergrund das Alte Museum, 1933. 1824–1828 von Schinkel gebaut

◁ Neue Wache, Unter den Linden, 1903. Erbaut nach einem Entwurf von Schinkel 1816/18, unter Reichspräsident von Hindenburg zum Ehrenmal für die Gefallenen des Ersten Weltkrieges umgewandelt

Königliche Akademie der Künste – ehem. Palais des Grafen Arnim – Pariser Platz 4, 1909

Obligatorisch für jeden Besucher der Hauptstadt war das Schloß. Die seit 1470 nachweisbare Burg der Markgrafen und Kurfürsten von Brandenburg diente später König Friedrich I. als Wohnschloß und zugleich Regierungssitz mit allen Ministerien. Unter den genialen Händen des Danziger Bildhauers und Architekten Andreas Schlüter wurde das Palais zu einer der besten deutschen Barockschöpfungen, die manche anderen Höfe an künstlerischer Bedeutung übertraf. Erweiterungen durch Berlins bestbewährte Meister wie Gontard, Langhans und Schinkel verdoppelten den Umfang bis zu einer Länge von 192, einer Breite von 196 und der Höhe von 30 Metern. Die Kuppel war über 70 Meter hoch. Vormittags wurden Gäste zum Eintrittspreis von 50 Pfennigen im zweiten Stockwerk durch den Schweizer Saal bis zum Weißen Saal und in die Schloßkapelle geführt. Nach der Flucht des Kaisers wurde das Schloß als sorgfältig gepflegtes Museum zugänglich gemacht. Kurz vor dem Ende des Zweiten Weltkrieges, am 3. Februar 1945, richteten feindliche Bomben gewaltigen Schaden an: Schinkels Erasmus-Kapelle, das Schlafzimmer des Alten Fritzen, Schlüters Rittersaal, sein Treppenhaus, der Sternsaal mit der Golddecke und Langhans' Pfeilersaal wurden völlig zerstört. Die Mauern widerstanden, und es sah so aus, als ob man vieles wiederherstellen könnte. 1950 aber wurde das »Wahrzeichen des feudalistischen und imperialistischen, zentralisierenden preußischen Absolutismus« in die Luft gesprengt. Alle Fotos und Negative der früheren Staatlichen Bildstelle mit den Aufnahmen des Schloßinnern wurden verbrannt. Schloßplatz und Lustgarten wurden zum Marx-Engels-Platz als Parade-Zentrum vereint, um den man Regierungsgebäude zu errichten hofft. Die beiden Standbilder »Pferdebändiger« von Peter Jacob Clodt von Jürgensburg, ein Geschenk des Zaren Nikolaus (1842), wurden aus dem Schloßgarten zum Kleistpark gebracht. Der Neptunbrunnen, der bis 1945 vor dem Schloß seine vielbewunderten Wasserspiele zeigte, soll in der Gertraudenstraße neben der dorthin versetzten Petrikirche aufgestellt werden. In den glücklichen Jahren um 1890 hatten die Berliner beim Hofbildhauer Begas den Brunnen bestellt und dem jungen Kaiser geschenkt. Sein in Lokalpossen vielverhöhntes Damenquartett am Brunnenrand versinnbildlichte

Kronprinzenpalais – Geburtshaus Kaiser Wilhelm I. – Unter den Linden, 1928. Neue Abteilung der Nationalgalerie und das Museum für deutsche Volkskunde

Neptunbrunnen (Schloßbrunnen) von Hofbildhauer Reinhold Begas, 1910 ▷

Schloß mit Schloßbrücke von der Zeughausstraße her, 1698 nach einem Entwurf von Andreas Schlüter erbaut ▷

Odol

Dom nach einem Entwurf von Julius Rauschdorff 1894/1905 im Stil italienischer Hochrenaissance erbaut. Rechts das Schloß, vorn im Bild die Spree

Innenministerium, Unter den Linden, 1938 ▷
Platz vor dem Opernhaus, gegenüber Eingang der Friedrich-Wilhelm-Universität, 1903 ▷

Oder, Elbe, Weser und Rhein. Wenn man diese Bedeutung einem Berliner erklärte, pflegte er zu sagen: »ach so«. Deshalb nannte man das Begas-Wasserspiel den »Ach-so-Brunnen«.
Gegenüber dem Königlichen Schloß erhebt sich seit 1905 der typisch wilhelminische Kolossalbau des Doms. Mit seiner wuchtigen achtteiligen Kuppel von 80 Meter Höhe und den vier Seitentürmen erdrückte er fast den von Schlüter mit Pappeln gezierten Lustgarten. Hier stand einst die kleine Domkirche für Friedrich den Großen, die auch nach Schinkels Versuchen, sie »nur ein wenig würdiger« zu gestalten, nicht mehr ausreichte. Der junge Kaiser Wilhelm II. ließ sie abreißen und beauftragte den greisen Professor der Technischen Hochschule, Julius Rauschdorff aus Pleß in Schlesien, etwas »Gewaltiges« zu ersinnen – auf jeden Fall größer als der Dom von Köln. Nach elfjähriger Arbeit wurde der neue Dom aus Granit und schlesischem Sandstein im Stile der italienischen Renaissance, der 12 Millionen Goldmark gekostet hat, mit einer Wohltätigkeitsveranstaltung eröffnet. Er verfügt über 2000 Sitze und übertrifft, wie Allerhöchst befohlen, die Flächengröße des Kölner Gotteshauses um 104 Quadratmeter. Aus der Schinkelkirche wurden nur der Altar und seine Kandelaber übernommen. In der Denkmalskirche hat man leere Prunksärge des Großen Kurfürsten und anderer Herrscher aufgestellt. Die Familiengruft der Hohenzollern im Keller barg 90 Särge. Die allzu pomphafte Schöpfung darf für sich in Anspruch nehmen, das meist beschimpfte Bauwerk des kaiserlichen Berlins zu sein. Nach schweren Kriegsbeschädigungen wurde es für die theologische Fakultät der Universität notdürftig ausgebessert. Sonntags findet der Gottesdienst im Keller der Domgruft statt.
Wenn im Tilsiter Frieden nicht Halle an das Großherzogtum Westfalen gefallen wäre, würde Berlin 1810 wohl kaum die Friedrich-Wilhelm-Universität erhalten haben. Der von Napoleon aus der Halleschen Universität vertriebene Professor Wolff kam nach Berlin und schlug dem Freiherrn vom Stein die Gründung einer akademischen Lehranstalt auf Berliner Boden vor. König Friedrich Wilhelm III. und eine stattliche Anzahl von Beratern warnten. Man hatte zu üble Erfahrungen mit »sittenlosen Studenten« in Frankfurt an der Oder

◁ Aula der Universität, erbaut von Johann Bourmann 1774-1780

◁ Haus für den Generaldirektor der Steuern, Staatsrat C. G. Maaßen, nach einem Entwurf von Schinkel, 1936

Zeughaus, Unter den Linden, das größte Baudenkmal der Barockzeit in Berlin, 1695 von Arnold Nering begonnen, von Martin Grünberg und Andreas Schlüter fortgeführt, von Jean de Bodt 1706 vollendet

gemacht: »Berlin eignet sich mit seinen ablenkenden Lockungen einer Großstadt nicht!« Und als im September 1807 dennoch eine Kabinettsorder die Aufbauarbeiten befahl, war es erst nach Jahren möglich, 58 Dozenten im politisch recht unsicheren Berlin zu versammeln. Unter den Linden gegenüber dem Opernplatz war das Schloß, das Friedrich der Große für seinen Bruder Heinrich nach Plänen von Knobelsdorff durch Johann Bourmann dem Älteren hatte bauen lassen, durch den Tod des Prinzen frei geworden. Hier richteten die Brüder Wilhelm und Alexander von Humboldt die erste Berliner Universität ein. Man begann mit 256 Studenten. Die geistvollsten Köpfe der deutschen Wissenschaft stellten sich als Lehrer zur Verfügung. Im Vorgarten blühte »Gingko«, der Baum des Himmels, den einst Alexander von Humboldt gepflanzt hatte. Nach Berlins Teilung führt die Ostregierung die Akademie als Humboldt-Universität in ihrem Sinne weiter.

Der quadratische Barockbau nahe der Schloßbrücke – nach der Vernichtung des benachbarten Schlosses das einzige Beispiel seiner Art – nennt sich Zeughaus, weil man dort, wie böse Zungen es behaupteten, alles alte Zeug, das man aus den Kriegen heimbrachte, aufbewahrte. Der Niederländer Johannes Arnold Nering begann mit dem Bau des Waffenarsenals 1694. Der Franzose Jean de Bodt beendete nach einem Jahrzehnt die Arbeiten. Ihm verdankt das Haus die Fassade des Louvre. Nach dem Deutsch-Französischen Kriege wurde es zum Waffenmuseum. Hitzig fügte eine Ruhmeshalle für die brandenburgisch-preußische Armee hinzu. Es gab Sonderausstellungen für die aufkommende Luftschiffahrt, für Fahnengeschichte, Schlachtengemälde und Siegestrophäen. Man bewunderte ein achtpfündiges Eisenrohr aus der westafrikanischen Kolonie des Großen Kurfürsten an der Goldküste, ein Orgelgeschütz, das Schill benutzte, Kriegsschauplätze in Plastik, die berühmten Köpfe sterbender Krieger, die Schlüter geformt hatte, Orden von Bismarck, Moltke und Napoleon. Eine völlige Umwandlung des Zeughauses fand naturgemäß nach der Übernahme durch die Ostregierung statt. Seit 1952 heißt das Haus »Museum für deutsche Geschichte«.

Als der Große Kurfürst die 60 Meter breite und 1,3 Kilometer lange Allee mit vier Reihen Linden bepflanzen ließ, dachte er nur an eine Kutschenstraße zum Tiergarten. Erst der Alte Fritz spendierte den Prunk für Paraden. Allmählich fand das Zivil Gefallen an einem Korso. Ministerien siedelten sich an, Botschaften folgten und Luxushotels und Juwelierläden und Reisebüros für die Prominenz. Unter den Linden war 24 Stunden lang »immer was los«, und ständig was anderes. Vormittags schlenderten die Botschafter zum Tiergarten. Mittags tauchten die Industriellen zur Tischverabredung auf, die Damen flirteten mit den Eingläsern der Garde. Nachmittags glitten die Equipagen auf Gummirädern vorüber. Wer ist der Zylinder mit den Bartkoteletten? Ist das wirklich der Hofschauspieler Christians? Und gegen Abend mischte es sich amüsierlich. Tatütata zeigte an: der Kaiser kommt ... für unser Geld. Und die Polizisten flogen zum Damm und sperrten ab. Im elfenbeinfarbigen Motorwagen stand der Feldjäger mit dem Federbusch ... und schon war alles vorbei. Hurra!

An jedem 27. Januar zu Kaisers Geburtstag und an jedem 2. September zum Siege von Sedan oder wenn ein hoher Potentat im Schloß zu Besuch war, zog alles, was schulfrei hatte oder Büro und Laden schließen konnte, in Richtung Unter den Linden. Es war immer Hohenzollernwetter, und selbst im Januar blinzelte die Sonne Seiner Majestät zu. Da ging's hoch her, selbstredend in höchster Disziplin ... auch bei Gedränge nie auf den Rasen treten! Die Pickelhauben trugen Extrauniformen und glänzten vor Rasur. Die Luft war voll von Trompeten, Pauken und Trommeln. Mühsam hinter den Rückenmassen erspähte man die weißen Hosen der Garde im mitreißenden Paradeschritt. Immerzu wurde gejubelt, denn der Berliner war ein Jubelfanatiker, der keine Gelegenheit zum Jubeln ausließ. An derlei Hochtagen fühlte sich jeder Berliner schnieke – eine berlinische Gemütsverfassung, die man einem Fremdling nicht zu erklären vermag.

Spreewald-Ammen mit den Kindern der gut situierten Berliner Bürger in den neuesten Kinderwagenmodellen um 1900, am Rande der großen Parade ▷

Unter den Linden/Ecke Friedrichstraße um 1937. Rechts Café Viktoria, vorn im Bild »Käse's Rundfahrten« ▷

Kaisers Geburtstag, große Parade Unter den Linden, links das Zeughaus, dahinter die Kuppel des Doms

HAUS DER SCHWEIZ
ITALIA-COSULICH-LLOYD TRIESTINO
SCHWEIZER VERKEHRSBÜRO

Eingang
zu den Weinstuben
49
Weinstuben
LUTTER u. WEGNER
ALT-BERLIN
LUTTER u. WEGNER
Wein

Es gab für Feinschmecker Stätten an der Spree, deren Adressen nicht zu verheimlichen und deren Ober auf ihren Stamm eingeschworen waren. Sekten für Schlemmer und ihre Oberhäupter schalteten als wahre Herrscher in ihren Reichen. Horcher, Hiller, Dressel, Heinroth, Borchardt – jeder einzelne ein Erfinder unübertrefflicher Genüsse, längst nicht mehr von dieser Welt und dennoch unvergessen. Höchster Hoflieferant im tiefen Keller der Charlottenstraße 49 war Weinhändler I. C. Lutter und sein Partner Wegner. Der Einzige seines Faches, der in einer Oper verewigt worden ist (von Offenbach in »Hoffmanns Erzählungen«). Sein Hoffmann-Keller, sein Devrient-Saal und sein Matkowsky-Zimmer durften nie verändert werden. Eine Bombe vernichtete 1943 den berühmten Legendenkeller.

Kanzler Hardenberg rief den Wiener Zuckerbäcker Johannes Georg Kranzler nach Berlin. Er kaufte die berühmte Ecke Friedrichstraße/Unter den Linden und eröffnete 1825 im Stile Ludwig VI. eine Konditorei mit Rauchsalon und Lese-Café. Beinahe wäre er ent-

◁ Weinstuben Lutter und Wegner, Charlottenstraße 49, 1936

◁ Stammtisch bei Lutter und Wegner um 1914

Café Kranzler, Ecke Friedrichstraße/Unter den Linden, 1906, mit Rauchsalon und der ersten Außenterrasse

berlinert worden, weil er als erster Kellnerinnen anstellte und trotz behördlichem Protest die erste Außenveranda erbaute. Sein Sohn und Erbe Alfred bestimmte 1911 in seinem Testament, das Café sei in ein Findelhaus zu verwandeln. Justitia hintertrieb es. Seit 1957 ist Kranzler wieder Kurfürstendamm/Ecke Joachimsthaler.

Berlin war *die* deutsche Museumsstadt. Jede der vierzig Sammlungen wurde von einer Schar von Experten betreut und nach damaligen Ansprüchen und Anschauungen auf dem laufenden gehalten. Der Berliner, stolz auf den Weltruf, kannte ein jedes Haus, wenn auch oftmals nur bei Namen. Es waren recht dunkle, riesige Sandsteinkästen mit hohen Sälen, breiten Fenstern und sparsamen Erklärungsschildern, meist vor 1900 errichtet. In der Invalidenstraße breitete sich das Museum für Naturkunde aus. Es war meist nur für Studenten und Wissenschaftler geöffnet und enthielt drei verschiedene Museen und Lehrinstitute, durch Gelehrte von Weltruf geleitet. Das Museum ist unbeschädigt durch den letzten Krieg gekommen. Dagegen ist der Rundbau des Museums für Völkerkunde in der Prinz-Albrecht-/Ecke Königgrätzer Straße größtenteils vernichtet. Hier waren die Staatssammlungen für Ethnologie, Vor- und Frühgeschichte und der Anthropologie untergebracht.

Museum für Naturkunde in der Invalidenstraße. Den Haupteingang schmücken die Figuren des Geognosten Leopold von Buch und des Physiologen Johannes Müller

Museum für Völkerkunde Stresemann-/Ecke Prinz-Albrecht-Straße. In der flachen Kuppel ein von O. Lessing entworfenes und von Salvati in Venedig ausgeführtes Mosaikgemälde ▷

Kaiser-Friedrich-Museum mit Monbijou-Brücke, 1910. 1898–1904 von Ernst von Ihne errichtet. Werke europäischer Malerei vom Mittelalter bis zur Barockzeit ▷

Schliemanns Funde und chinesisch-turkestanische, japanische und peruanische Kostbarkeiten erreichten eine Vielseitigkeit, die man sonst nur noch im Britischen Museum fand. Als Ergänzung gründete Virchow »Filialen« in der Klosterstraße (zu Dreiviertel zerstört, wenn auch um 1000 Stücke ersetzt) und in Dahlem. Die Erweiterungen gingen oft so rasch vorwärts, daß nicht einmal der amtliche Führer folgen konnte.

Wohl einzigartig in der Welt waren die in den verschiedenen Museen auf der Museums-Insel vereinten Kunstsammlungen. Friedrich Wilhelm IV. wollte an diesem »heiligen Ort der Andacht« sein Mausoleum errichten. Es entstand hier jedoch ein Eiland der Kunst.

KAISER FRIEDRICH MUSEUM

Brandenburger Tor – Pariser Platz. Auszug der Truppen der Berliner Garnison bei Ausbruch des Ersten Weltkrieges 1914

◁ Nationalgalerie aus rotem Sandstein nach einem Entwurf von August Stüler erbaut. Sammlungen zur Malerei des 19. Jahrhunderts

◁ Märkisches Museum, erbaut von Ludwig Hoffmann, zwischen Wallstraße und Cöllnischem Park – S-Bahnstation Jannowitzbrücke –. Neben dem Eingang der Roland. Ziel vieler Schulausflüge

Einer der schönsten Bauten ist das Kaiser-Friedrich-Museum an der Monbijou-Brücke mit den von Ernst von Ihne geschaffenen italienischen Barockfronten zur Spree, zum Kupfergraben und zur Stadtbahn. Seitdem es nach sechsjährigem Bau 1904 seine Pforten öffnete, blieb es mit seiner Vielzahl von Sälen an der Spitze aller Kunst-Schatzkammern unserer Zeit. In der Gemäldegalerie fehlte wohl kein Meister, der zwischen dem 13. und dem 18. Jahrhundert gewirkt hat. Die meisten Kostbarkeiten konnten noch vor der Trennung Berlins ins Dahlemer Museum gebracht werden. Man änderte den Hohenzollern-Namen in Bode-Museum zu Ehren von Wilhelm von Bode, der bis 1929 die Kunststätte zu höchster Blüte gebracht hatte.

Friedrich Wilhelm IV. skizzierte den korinthischen Tempel für die Nationalgalerie, die auf einem 12 Meter hohen Unterbau aus rotem Sandstein auf »seiner« Museums-Insel zwischen dem Neuen Museum und der Spree errichtet und vor dem Deutsch-Französischen Kriege mit einer Ausstellung deutscher Maler des 19. Jahrhunderts eröffnet wurde. Sie zeigte bald neunhundert Gemälde, viele Handzeichnungen und 230 Bildhauerwerke. Seit 1920 kamen französische Impressionisten und andere damals Moderne im Kronprinzenpalais hinzu, von denen 1937 500 Bilder entfernt wurden. Das Haus wurde in den letzten beiden Jahren des Krieges erheblich beschädigt. Zweihundert Werke deutscher und französischer Meister, die man nach Westdeutschland ausgelagert hatte, sind heute in der Orangerie des Charlottenburger Schlosses ausgestellt. Das Gebäude auf der Museums-Insel ist mit verringertem Besitz weiterhin geöffnet.

Für die Freunde der Mark Brandenburg wurde 1907 das Märkische Museum zwischen der Wallstraße und dem Cöllnischen Park von Stadtbaudirektor Ludwig Hoffmann geschaffen. Die Sammlung selbst war schon 1874 von der Stadt Berlin begründet worden. Beträchtliche Bestände wurden nach der Zweiteilung der Stadt

dem Westen übergeben, und dem Museum im Charlottenburger Schloß beigefügt.
Einst hatte Berlin um die neunzig Denkmäler. Den Berliner störten die Monumente wenig, solange sie nicht den Verkehr aufhielten. Berlin war ja, wie Otto Reutter sang, so jroß, so jroß! Wer war ihm, dem Spree-Athener, der preußische Staatsmann von Motz vor dem Provinzial-Steuergebäude in Alt-Moabit? Woran sollte er beim Anblick der Statue des Dr. von Renvers im Alt-Moabiter Kleinen Tiergarten denken? An Bolle, der dichte bei sein Depot hatte? Manche hatte er ganz gern, voran Christian Rauchs genialstes Bildhauerwerk, das Denkmal des Alten Fritzen. Es stand Unter den Linden gegenüber der Universitätsstraße. Hoch zu Roß, mit dem Dreispitz und dem Krückstock in der Rechten, den Hermelinmantel umgehängt, darunter Tauentzien und eine gemischte Gesellschaft, Lessing, Kant und Leopold von Dessau. Man hat das große Werk versetzt

Reiterdenkmal Friedrich des Großen Unter den Linden, nach einem Entwurf von Christian Rauch 1840/1851 ausgeführt

Reiterdenkmal Kaiser Wilhelm I. von Reinhold Begas, mit einer Rundhalle nahe dem Schloß

in Friedrichs II. Lieblingsgarten nach Sanssouci in Potsdam.

Dagegen stand der Berliner dem allzu pompösen Nationaldenkmal Kaiser Wilhelms I., das Reinhold Begas entwarf, recht ratlos gegenüber. Der Monarch trug auf dem »unaufhaltsam ausschreitenden« Roß einen Feldherrnmantel, ließ sich aber vorsichtigerweise von einem »Friedensgenius« in Gestalt einer Dame leiten. Da schreckten granitene Siegesgöttinnen und wachsame Kolossallöwen. Das Denkmal, nahe dem Schloß errichtet, ist im Feuer des Zweiten Weltkrieges untergegangen.

Mehr Glück hatte Berlin mit dem berühmten Reiterdenkmal des Großen Kurfürsten, das Andreas Schlüter in dreijähriger Arbeit vollendete. Es war im Juli 1703 auf der Langen Brücke (später Kurfürsten-Brücke) enthüllt worden. Im Zweiten Weltkrieg brachte man es nach Potsdam in Sicherheit. Nach der Rückkehr in

Reiterdenkmal des Großen Kurfürsten von Andreas Schlüter. 1703 auf der Langen Brücke (später Kurfürsten-Brücke)

Reichspräsidenten-Palais in der Wilhelmstraße 73, vom Landjägermeister und Geheimrat Graf Schwerin zur Zeit Friedrich Wilhelm I. errichtet

die Stadt Berlin lagerte es auf einer Barke im Borsighafen und versank. Man barg das Kunstwerk und stellte es 1951 im Ehrenhof des Schlosses Charlottenburg auf.

Wilhelmstraße! Weltweiter Begriff für die Straße der Macht à la Whitehall oder Quai d'Orsay. Ministerien von Haus zu Haus, feudale Gärten dahinter, die bis zur fernen Königgrätzer Straße reichten. Der Soldatenkönig Friedrich Wilhelm I. schenkte jedem Reichen ein riesiges Gelände, das er dem Tiergarten abnahm, mit dem Befehl, ein Palais zu errichten. So entstand Wilhelmstraße 73. Landjägermeister und Geheimrat Graf Schwerin mußte es aufbauen. Nach 1800 kaufte es der König für sein Ministerium des Königlichen Hauses zurück. So wurde das alte Adelshotel in der Republik zum Reichspräsidenten-Palais. Wilhelmstraße 77 war die Reichskanzlei mit der Dienstwohnung des Kanzlers. Es war gleichfalls auf allerhöchsten Befehl vom Grafen von der Schulenburg erbaut worden. Der Besitzer fiel in der Schlacht von Mollwitz. Der Alte Fritz erwarb es für einen seiner Brüder und später für

Ministersitzung unter Reichskanzler Heinrich Brüning (1930–1932) im Garten der Reichskanzlei in der Wilhelmstraße

Wilhelmplatz, in der Mitte die Reichskanzlei mit dem Anbau von 1930/31. Vor dem Neubau Eingang zur U-Bahn

Von den Nationalsozialisten erbaute Neue Reichskanzlei von der Voßstraße her gesehen, 1939
Verkehrsknotenpunkt Friedrichstraße / Unter den Linden, 1937

einen zweiten. Friedrich Wilhelm II. richtete es für eine seiner Nebenfrauen, die Gräfin Dönhoff, neu ein. Tausend Nächte später zahlte der polnische Fürst Radziwill 60000 Taler für den Palast, in dem dessen Tochter Elisa ihre Jugendliebe, Wilhelm I., kennenlernte. Des Fürsten Sohn verkaufte das Radziwill-Palais an das Deutsche Reich für 2 Millionen Taler. Im großen Mittelsaal fand 1858 der Berliner Kongreß statt. Fürst Bismarck wohnte hier bis zu seinem Abschied im Jahre 1890.
Zu den interessantesten Bauten gehörte Nummer 76. Hier residierte, bevor es zum Auswärtigen Amt wurde, die Tänzerin Barberina. Im Bombenregen des Zweiten Weltkrieges stürzten alle Gebäude in Trümmer. Die Wilhelmstraße führt seit 1964 den Namen Otto-Grotewohl-Straße. Einige Häuser wie Nummer 64 und 68 wurden als Amtsgebäude aus dem Schutt aufgerichtet. Den Wilhelmplatz, gleichfalls zerstört, nennt man jetzt Thälmannplatz.

Blick aus dem Café Josty auf den Potsdamer Platz in die Leipziger Straße
Restaurant und Weinhandlung Kempinski in der Leipziger Straße, 1909

Der Berliner war kein permanenter Kaffeehaus-Dauerbesucher wie der Wiener. Er ging ins Café, um Kaffee zu trinken, Zeitungen als Gratisbeilage zu lesen und sein Glas Wasser zu genießen. Nur die Literaten pflegten ihren Stammsitz im Romanischen (Café). Als einer der beliebtesten Rendezvousplätze galt das Café Josty am Potsdamer Platz. Johann Josty, ein Schweizer Konditor, war aus dem Oberengadin nach Berlin gekommen, als er von den geschäftlichen Erfolgen seiner Landsleute Giavanoli und Stehely gehört hatte. Er begann am Schloßplatz und siedelte erst später an den berühmten Potsdamer Platz über. Sein Baumkuchen und sein Madeira waren Spezialitäten, die der dem Süßen sehr zugetane Berliner nirgendwo so trefflich vorfand. Populärer noch waren die Brüder Bauer, deren Caféhaus an der »Ecke Linden-/Friedrichstraße« täglich mit 600 Zeitungen aus aller Welt ausgestattet war. Anton von Werner hatte die Wände mit Gemälden behangen und damit dazu beigetragen, daß sich die Fremden in Scharen hier einfanden. Als Bauer schloß, übernahm

das Hotel Bristol die Bildergalerie. Als bekannte Caféhäuser sind noch zu nennen Café Victoria, auch Ecke Friedrich/Linden, der schon gewürdigte Kranzler, Café Schottenhammel am Kemperplatz, um von den vielen, sehr vielen vortrefflichen Konditorei-Paradiesen zu schweigen.
Wenn der Bürger gut essen und einen trefflichen Schluck Wein zu erschwinglichen Preisen trinken wollte, ging er mit Weib und Kindern zu Kempinski in die Leipziger Straße. Der posensche Weinhändler Berthold Kempinski hatte mit seinem Bruder zunächst eine Probierstube in Breslau eröffnet und war dann allein nach Berlin übergesiedelt. Im Friedensjahr 1872 richtete er, ähnlich wie in Breslau, einen bescheidenen Weinausschank in der Leipziger-/Ecke Friedrichstraße ein. Mit den Ersparnissen baute er 1909 das Parterre und das erste Stockwerk eines Wohnhauses in der Leipziger Straße zu einem Restaurant mit Weinhandlung aus. Zunächst kostete jede Speise 75 Pfennige – auch das Dutzend Austern mit Brot und einem Glas Sekt. Für 100 Gramm Kaviar, der im bunt beleuchteten Eisblock serviert wurde, zahlte der Gast 2,50 Mark. Kempi wurde zu einer berlinischen Einrichtung. Seine Speisen und Weine blieben preiswert und gut. Zur Einweihung seines Kaisersaals erschien sogar Kaiser Wilhelm II. Man hatte die Wände mit Kacheln aus seiner Majestät Kadiner Werk bedeckt. Selbst so hervorragende Konkurrenten wie Traube und Rheingold konnten Kempinskis Beliebtheit nicht einschränken. Was er für den Mittelstand bedeutete, war Aschinger für den kleinen Mann. Die aus Süddeutschland eingewanderten Brüder begannen als Koch und Kellner im Panorama-Restaurant und machten sich 1892 mit der ersten bayerischen Bierquelle in der Neuen Roßstraße einen guten Namen. Sie errichteten Filialen, in denen man »billiger, aber besser« als anderswo einen kräftigen Imbiß einnehmen konnte. Die Wände bei Aschinger waren immer mit blauweißgestrichenen Spiegeln geziert. Die Bierwurst mit Kartoffelsalat hatte eine dankbar entgegengenommene Zugabe: eines jener Brötchen, die überall bei Aschinger kostenlos auslagen. Die Brüder erwarben die Rechte an einem Rezept für Löffelerbsen mit Speck, das ihnen der berühmte Erfinder des Fleischextraktes, Justus von Liebig, hergestellt hatte. Für einen Groschen konnte man aus dem Automaten in den vielen Aschinger-Stuben ein belegtes Brötchen ziehen. Bald gab es auch ihre Café- und Kuchenläden, erkennbar an ihren grünen Glasschildern. Aschingers erwarben dann das Weinhaus Rheingold und die Hotels Fürstenhof, Bristol, Zentral und den Kaiserhof. Ihre Konzert-Restaurants und Tanzdielen setzten sich überall durch. Die unter dem beliebten Namen Aschinger weitergeführten Unternehmen gingen im Kriege ein. Man begann wieder mit einem »echten«

Aschinger am Bahnhof Friedrichstraße

ALLIANZ
KEMPINSKI HAU
KAMMER
TELTOWER RÜBCHEN
KAFFEE

◁ Kempinski Haus Vaterland, mit dem Blick in die Stresemannstraße bis zum Anhalter Bahnhof, 1930

◁ Löwenbräustube im Haus Vaterland mit dem »Blick auf die Alpenspitzen«

1922 Kranzler Unter den Linden/Ecke Friedrichstraße, gegenüber der Pferdedroschkenhalteplatz, links im Bild eine Stadtrundfahrt im offenen Sommerwagen. Vorn in der Mitte offener »Doppeldecker«-Bus.

Aschinger-Automatenbetrieb im Westen Berlins, in der Joachimsthaler Straße nahe dem Bahnhof Zoo.
Verließ man den Potsdamer Platz in Richtung Anhalter Bahnhof, so erreichte man ein stattliches Gebäude mit der nachts leuchtenden Aufschrift »Kempinski Haus Vaterland«. Bis 1928 führte dort einer der ersten Berliner Kinopaläste »Kammerlichtspiele« ein etwas vereinsamtes Dasein. Es war kein Uraufführungstheater, aber auch kein gewöhnlicher Kintopp. Schließlich baute man es in ein neuartiges Speisehaus für Kempinski um.

In allen Etagen waren Restaurants mit Spezialitäten aus jeweils anderen Ländern, die dem Gast die Illusion verschafften, an den verschiedenartigsten Stätten der Welt zu weilen, zumal die ganze Einrichtung immer der besonderen Küche und dem Weinkeller angepaßt war. Zum Gaumenschmaus fügte man den Augen- und Ohrenreiz hinzu. Die Berliner rissen Mund und Nase vor Staunen auf und riefen: »Also sowat jibt's nich!«

Es gab: Gulasch in der Puszta mit Ungarwein, Sherry auf Fässern in einer echten Bodega mit klappernden Kastagnetten, trippelnde Geishas mit Reisschnaps, duftenden türkischen Doppelmokka hinter Maurenmauern, Texas-Brei mit Lassoknallen, Grinzinger Damenkapellen zum Heurigen und Beinfleisch, Münchner Kellnerinnen mit Weißwürsten für den Saupreiß-Geschmack, als Obersensation die Vater-Rhein-Terrasse mit himmlischen Weinbergen, Burgen und Liedern und allstündlich einem geradezu himmlischen Donnerwetter mit – so wat jibt's nich! – allmählich wieder lächelndem Sonnenschein. Das alles unter einem Dach und, wenn man die ersparten Fahrkarten abzog, geradezu geschenkt. Die Philosophen träumten abseits mit dem Blick auf die Zugspitze im Takte der Schuhplattler. Waren auch nicht alle Besucher vom Weltenrausch am Potsdamer Platz hingerissen, so kamen doch jährlich eine Million auf den Bummelrummel, den es heute nicht mehr gibt.

Bahnhof Friedrichstraße von der Friedrich-/Ecke Georgenstraße aus. Hier passierten u. a. die Fernzüge zwischen Paris und Petersburg. Links im Bild Central-Hotel

Hedda und Louis Adlon

Das Hotel Excelsior gegenüber dem Anhalter Bahnhof lag nicht nur abseits, es hielt sich auch in Stil und Publikum fern von den mehrsternigen Konkurrenten. Der ehrgeizige Besitzer war stolz, das größte Haus in Europa mit 400 Zimmern und 100 Bädern und den meisten Fahrstühlen (er haßte Treppen) zu haben. Sein Stammpublikum bestand aus Gutsbesitzern, die einen verwöhnten Geschmack, aber keine extravaganten Wünsche hatten. Sie blieben nur zwei, drei Nächte, kehrten aber immer wieder treu zurück.
Wie anders, ganz anders war das Adlon-Hotel! Es war des Kaisers Liebling. Lorenz Adlon, Handwerkersohn aus Mainz, begann mit der Beköstigung seines Turnvereins, verdiente sich ein Vermögen als Hotelier in Holland, erwarb Hiller Unter den Linden und Anteile am Hotel Continental in der Friedrichstadt. Bei einem Feuer im Hotel begegnete Adlon dem Kronprinzen Wilhelm an der Brandstätte, sprach ihn an und begeisterte ihn für seine Idee, nahe dem Brandenburger Tor das komfortabelste Hotel von Berlin zu bauen. Als

Wilhelm den Thron bestieg, stand er dem Hotelier getreulich bei, als Adlon trotz der Empörung der Berliner Kunstfreunde das im florentinischen Stil von Schinkel erbaute Palais des Intendanten der Königlichen Bühnen, des Grafen Redern, erwarb und abreißen ließ, um hier sein Luxushotel am Pariser Platz – Kosten 20 Millionen Goldmark – zu bauen. Auch die Machenschaften des Konkurrenzkonzerns, der Hotelbetriebsgesellschaft, kontrollierte Wilhelm II., um dem verehrten Hotelier Lorenz Adlon die Wege zu ebnen. Unter Mitwirkung von Begas und von Menzel wurde das Haus, 1907 durch den Kaiser eröffnet, zu einem der feudalsten Luxushotels der Welt, in dessen Weinkeller über 250 000 Flaschen Wein auf die zahlungsfähigsten Gäste der Metropole warteten. Gekrönte Häupter, Diplomaten, Bühnen- und Filmstars fühlten sich in den Appartements zu Hause. Die Amerikaner bevorzugten es. Es wurde zum Hauptquartier der internationalen Presse. Der Begründer wurde nach dem Zusammenbruch des Kaiserreichs von einem Militärauto überfahren, das durch die bisher für den Kaiser reservierte mittlere Passage des Brandenburger Tores gerast kam,

Hotel Excelsior, gegenüber dem Anhalter Bahnhof. Von dort durch einen unterirdischen Gang verbunden, 1930

Hotel Adlon, Unter den Linden 1

und bald darauf an der gleichen Stelle nochmals so schwer verletzt, daß er sterbend in sein Hotel getragen werden mußte. Sein Sohn Louis erwies sich als würdiger Nachfolger, der das Glück hatte, ein rheinisches Mädchen zu heiraten, das mit ihm das Haus im gleichen Stil weiterführte. Beim Einmarsch der Russen holte man ihn 1945 aus seinem Haus in Neu-Fahrland und schleppte ihn fort. Hedda Adlon konnte nur noch seine Leiche ausfindig machen und neben dem Adlon-Familiengrab in Berlin beisetzen lassen.

Fünf Häuser weiter Unter den Linden, zwischen dem Kultusministerium und der russischen Botschaft im ehemaligen Palais der Prinzessin Amalie, Schwester Friedrichs des Großen, stand Nummer 5–6 das Hotel Bristol. Es war nicht so üppig eingerichtet wie das Adlon. Fürst Bülow hatte im ersten Stock ein Appartement, wenn er aus der Villa Malta in Rom nach Berlin kam. Hier wohnten Fürst Fugger, die Hohenlohes, Generaldirektor Porsche, Geheimrat von Opel, der Zar von Bulgarien, wenn er sein Exil in Coburg verließ, aber auch viele Künstler. Das Bristol war das einzige große Hotel in Berlin, in dem am Nachmittag nicht getanzt wurde. Der größte Andrang herrschte um die Mittagszeit in den Speisesälen, an deren Tischen manche bedeutenden Verträge im Handel und in der Kunst abgeschlossen worden sind.

Wieder eine andere Welt umschloß der Kaiserhof am Wilhelmplatz. Das Hotel wurde in der Gründerzeit (mit bisher ungewohnten Bequemlichkeiten ausgestattet), 1875, eröffnet. Wilhelm I. erschien an jedem Wochenende aus seinem Palais, um im Fürstenzimmer ein Bad in der Marmorwanne zu genießen. Die Gäste waren Politiker und Staatsmänner aus der benachbarten Wilhelmstraße und Mitglieder der deutschen Gesellschaft, im zweiten und dritten Reich Spitzen internationaler Regierungen. Hier führte Konrad Röntgen seine Strahlen vor, erklärte Robert Koch das Geheimnis der von ihm entlarvten Cholera- und Tuberkulosebazillen, hier wohnten Bismarck, Ebert und Hindenburg. Als nach dem Ersten Weltkrieg ein Schild den geänderten Namen »Hotel Republik« verkündete, dauerte das Zwischenspiel nur einhundert Stunden. Es war April 1930, als zwei unbekannte Herren um die billigsten Zimmer baten und sich einzeichneten mit: Hitler und Goebbels. Drei Jahre später waren sie in den berühmten Appartements-Zimmern Nummer 140 bis 142 längst zu Hause. Es waren jene Räumlichkeiten, in denen sich der portugiesische König Manuel II. mit der Revuetänzerin Gaby Deslys aufgehalten hatte (und der durch sie beinahe den Thron verlor), jene Zimmerflucht, in der später des Exkaisers 61jährige Schwester Viktoria mit ihrem 27jährigen Gatten, dem früheren Kaiserhof-Tellerwäscher und Statisten Alexander Zubkow, gelebt hatte. Auch dieses mit Geschichte und

Hotel Bristol Unter den Linden, rechts im Bild Juwelier Gebr. Friedländer

Hotel Kaiserhof am Wilhelmplatz, 1909
Barnabas von Geczy, der Meister der Geige, 1936

Geschichten so angefüllte Luxusgebäude ging im November 1943 unter feindlichen Bomben in Flammen auf.

Als eine Art Ersatz für die unmodern gewordenen Kaffeekränzchen der Berlinerinnen spielten die nach ausländischem Muster eingeführten Nachmittagstanztees eine große Rolle. Die meisten Gäste waren Damen, die Herren hatten um diese Zeit noch zu arbeiten. Die Besucherinnen konnten sich durch den Ober einen Eintänzer bestellen, das Honorar wurde mit dem Teegedeck bezahlt. Jedes Hotel legte Wert darauf, einen der zur Zeit beliebten Geigensolisten mit einer kleinen Band zum Tanz aufspielen zu lassen. Zu den Stars zählte der Ungar Barnabas von Geczy. Wenn er geigte, ließ sich nur schwer ein freier Tisch finden. Im Adlon war der Pole Marek Weber der Anziehungspunkt für vereinsamte Gattinnen. Im Esplanade in der Bellevuestraße zeigte sich zwischen 16 und 18 Uhr der elegante Frack von Bernhard Etté, der als Klavierspieler in einem Kasseler Kintopp begonnen hatte. Auf dem Dachgarten des Eden-Hotels konzertierten sogar zwei Orchester.

Restaurant Hiller
Inhaber L. Adlon

Gewöhnliches Diner — Berlin, 27. Januar 1887

Tischbericht

Vorspeisen
Kraftbrühe nach bürgerl. Art
Ochsenschwanz-Suppe
Seezunge in Weißwein
Kalbskopf in Essig und Oel
Rinderbrust mit Meerrettig
Ochsenlende m. Rothweintunke

Sauerkohl, Schoten } Krammetsvögel
Rennthier, Kapaun } Salat und eingemachte Früchte
Vanille- und Pfirsich-Eis
Käse
Nachtisch

Ein »Gewöhnliches Diner«. Auf unserer Speisenkarte oben als Geburtstagsessen für den Kaiser, im Restaurant Hiller Unter den Linden. Inhaber des Hauses Lorenz Adlon

Das Herz von Berlin, der Potsdamer Platz mit der Normaluhr am luftigen Hochstand der Verkehrspolizisten, die es auf unserem Bild vorziehen, das Geschehen auf normaler Ebene zu betrachten

Das Eden-Hotel entstand erst 1913 gegenüber dem Eingang zum Zoologischen Garten in der späteren Budapester Straße. Damals gab es einige kleinere Häuser wie das Kurfürstenhotel in der Kurfürstenstraße, das Hotel am Zoo am Kurfürstendamm, das Parkhotel in der Hardenbergstraße, Fürst Bismarck am Knie und »weiter draußen« im Charlottenburgischen das Schloßparkhotel am Luisenplatz. Das Eden galt als mondän, es war bevorzugt von den Prominenten des aufkommenden Films und der Konfektion. Noch lag es nicht im Wilden Westen, aber es rechnete auch nicht mehr zur Stadt. Der Berliner Revue-Komponist und Bühnenbesitzer Rudolf Nelson feierte in einem Hotel-Theaterchen seine einbringlichen Erfolge. Ein zahlungswilliges, amüsierfreudiges Publikum gab sich zu den Wohlfahrtsbällen ein Stelldichein. Im Dritten Reich wechselte das Bild. Die neuen Herren, denen der Kaiserhof zu eintönig und das Adlon zu kostspielig erschienen, trafen sich in den Eden-Hallen zum Nachmittagstee und zum Abendessen.
Gegenüber dem Eden-Hotel war der Zugang zum Adlerportal des Zoologischen Gartens. Seine Tierarten und Abarten stellten die größte Sammlung der Welt dar. Der Zoo entstand als Aktiengesellschaft bereits 1844, als es erst zwei andere ähnliche Gärten gab. Friedrich Wilhelm IV. schenkte zum Auftakt seinen Tierpark auf der Pfaueninsel. Ein Aquarium wurde erst, im Jahr der Eröffnung des Eden-Hotels, hinzugefügt. Das Vogelhaus zeigte in 400 Käfigen die

Am Eingang zum neuen Westen das Eden-Hotel in der Budapester Straße, gegenüber dem Adlerportal zum Zoologischen Garten

Eine Sensation – der Dachgarten auf dem Eden-Hotel, auf dem Hotel- und 5-Uhr-Tee-Gäste unter Palmen tanzten

seltensten Exemplare aus der ganzen Welt. Jede Berliner Familie unternahm im Sommer den obligaten Zoobesuch. An Sonntagen war der Andrang der Massen dank verbilligter Eintrittspreise so stark, daß der überfüllte Garten zeitweise geschlossen werden mußte. Besitzer von Aktien erhielten für sich und ihre Angehörigen freien Eintritt. Gruppen von Spreewälderinnen spazierten bei jedem Wetter mit ihren blitzsauberen Luxuskinderwagen durch die Grünanlagen und besetzten die Bänke, um den letzten Tratsch über ihre Herrschaften auszutauschen. Der Zoogarten wurde besonders gern von der mittelständischen Jugend aufgesucht, die hier Blauer (= Schutzmann) und Baldower (= Räuber) spielte oder auch »buckerte«, das heißt, »echte«, mit goldenen oder silbernen Blitzen übermalte Tigeraugen (Murmeln) in kleine Sandkreise schob.

Gleich zu Beginn des Jahrhunderts entwickelte sich Berlin als Zentrale erstklassiger Geschäftshäuser – zunächst in der Innenstadt, der Leipziger Straße und Friedrichstraße, der Französischen Straße und Unter den Linden. Führende Häuser waren jahrzehntelang für Herrenhüte P. und C. Habig in der Friedrichstraße, für Juwelen Gebrüder Friedländer, Unter den Linden, für Konfitüren Felix und Sarotti und Th. Hildebrand und Söhne in der Leipziger Straße, für Marzipan Sawade, Unter den Linden. Da kaufte man Lederwaren bei Rosenhain in der Leipziger Straße, Wäsche bei F. V. Grünfeld in der Leipziger Straße und bei Rudolf Hertzog in der Breite Straße, auch bei N. Israel in der Spandauer Straße. Für Möbel waren die Deutschen Werkstätten für Handwerkskunst, die Vereinigten Werkstuben für Kunst und Handwerk und Friedmann in der Bellevuestraße, Keller und Reiner in der Potsdamer Straße und J. C. Pfaff in der Französischen Straße mit zeitgenössischem Geschmack zuständig. Photographien bestellte man bei E. Bieber oder bei Ottomar Anschütz in der Leipziger Straße und bei Kodak, Unter den Linden.

Für Möbelstoffe ging man zu Hermann Gerson am Werderschen Markt. Pelze suchte man sich bei C. A. Herpich Sohn in der Leipziger Straße aus. Parfümerien führten J. F. Schwarzlose Söhne in der

Kaufhaus A. Wertheim, Leipziger Straße, um 1925. Es wurde nach Entwürfen von Messel erbaut und 1904 eröffnet

Warenhaus Tietz am Alexanderplatz, 1912 ▷

Kaufhaus des Westens (KadeWe) am Wittenbergplatz, 1910 ▷

Markgrafenstraße. Man könnte Seiten und Seiten mit vorbildlichen Geschäftshäusern füllen, ohne in den Verdacht der Schleichwerbung zu kommen – diese Läden sind nicht mehr.

Der berühmte »Zug nach dem Westen«, der die Bevölkerung seit 1900 aus der zu eng werdenden Innenstadt in Richtung Tauentzienstraße und Kurfürstendamm trieb, machte sich bald auch im Geschäftsleben bemerkbar, die regen Firmen folgten dem Zuge. So entstand 1907 das Kaufhaus des Westens am Wittenbergplatz. (Es wurde nach der Zerstörung im Zweiten Weltkrieg als Berlins größtes Geschäftshaus 1950 neu errichtet.) Die Tauentzienstraße entwickelte sich rasch als Konkurrenz für die alten Läden in der Leipziger Straße. Viele bekannte Firmen eröffneten »draußen« westliche Niederlassungen, und taten gut so.

POTSDAMER BAHNHOF

Der Berliner Fernzugverkehr besaß neben den drei Haltestellen des Petersburg–Paris-Expreß fünf Kopfbahnhöfe an verschiedenen Stellen der Stadt, von denen ein jeder anderen Zielen diente. Die werdenden Weltstädter genossen das Privileg, beim Reisebeginn gemütlich in einen meist auch leeren Zug einzusteigen und bei der Rückkehr ebenso geruhsam das Abteil verlassen zu können. Mitleidig blickten sie auf den Provinzler herab, der sich in kürzester Zeit in den haltenden Zug hinein und wieder herausdrängeln mußte. Dabei waren alle Bahnhöfe der Hauptstadt im vergangenen Jahrhundert entstanden und boten trotz steter Pflege einen ewig verrußten Anblick. Die Berliner unserer Zeit waren leidenschaftliche Reisende, nicht nur einmal im Jahr, wenn sie zu den großen Ferien im Juli auf vier Wochen auf Reisen gingen. Deshalb hingen ihre Herzen an jedem dieser antik wirkenden Steinkästen. Die Bahnhöfe gehörten zur Familie. Man nannte sie nur »per Vornamen«: Lehrter, Potsdamer, Anhalter, Stettiner, Görlitzer. Daher stammt auch der berlinische Ausdruck für Unsinn: »Ick hör imma Bahnhof!« Der Lehrter lag etwas abseits vom Verkehr im »Moabitschen« am Prinz-Friedrich-Karl-Ufer. Von hier ging's ans Wasser – nach Hamburg, Bremen und Kiel. Der populärste Zug war »der hastige Defraudant«. Er führte nur Erster Klasse und genehmigte sich keine Unterbrechung, im Handumdrehen war man in einem der Häfen (ideal für jeden Millionendieb und Bankier auf der Flucht). In diesen flinken Luxuskissen hat manch biedere Hamburger, der diskret auf einen Sprung ins sündige Spree-Athen gekommen war, auf der Rückreise seinen Kater ausgeschlafen. Natürlich gab's auch bescheidenere Züge. Wie oft sah man große Familien, die nach Wirtschaftskrisen ihre Heimat in Ostpreußen verlassen hatten und nun auf der Reise zu den Ozeanriesen waren. Auf dem Bahnsteig, auf dem einst Bismarck Abschied von seinen Berliner Freunden nahm, brach Caruso auf der Reise ins Hamburger Gastspiel an einem unerkannten Leiden zusammen. In der gleichen Halle gab der Jongleur Rastelli, als er seinen Anschluß nach Bremen versäumte, eine Vorstellung zum Besten der Eisenbahnerwaisen. Jahrelang säuberte der spätere Hauptmann von Köpenick die Teller, wenn er mal frei war.

Die Fassade eines italienischen Fürstenpalastes bot der Potsdamer in seiner Nische hinter dem Potsdamer Platz. Er war gerade im Bau, als die deutschen Truppen in Paris einzogen. Von hier reiste man ins Magdeburgische bis herüber nach Köln, wobei man sich in

◁ Lehrter Bahnhof am Prinz-Friedrich-Karl-Ufer in Moabit

◁ Potsdamer Bahnhof am Potsdamer Platz, 1923

Anhalter Bahnhof in der Königgrätzer Straße, spätere Stresemannstraße, dann Saarlandstraße, und schließlich wieder Stresemannstraße

acht nehmen mußte, um nicht in die Lokalzüge der Ring- oder Wannseebahn oder gar in die Untergrundbahnstation abzuirren. Architektonisch wohl am besten geglückt war der Anhalter Bahnhof am Askanischen Platz. Ihn hat ein bewährter Künstler entworfen, der bereits Bahnhöfe in Dessau und Wittenberg gebaut hatte und den Berlinern die Kaiser-Wilhelm-Gedächtniskirche schenkte: Franz Heinrich Schwechten. Der Anhalter wurde 1880, nach achtjährigen Schwierigkeiten, eröffnet. Ein viel bewundertes Kunstwerk war die Halle mit ihrer Spannweite von 62 ½ m, breiter als die Prachtstraße Unter den Linden. Ihr Konstrukteur war der Bauingenieur Heinrich Seidel, der später zu den Schriftstellern überwechselte und »Leberecht Hühnchen« schrieb. Vom Anhalter führten die Züge nach Dresden, Leipzig, Karlsbad, Prag, Wien, Rom, nach Frankfurt, Nürnberg und München. (Sein oft umrätselter Name hat nichts mit »Anhalten« zu tun, er stammt von der alten Berlin-Anhaltischen Eisenbahn.) In der prunkliebenden Kaiserzeit salutierten auf einem seiner Bahnsteige lange Reihen der an die Mauer gedrückten Garden dem jeweiligen, meist gekrönten Ehrengast. Täglich verkehrten hier bis zu 60 Züge mit 40 000 Fahrgästen. Den Zweiten Weltkrieg

Stettiner Bahnhof in der Invalidenstraße

Schlesischer Bahnhof, hier kamen die Berliner – aus Schlesien an

Schiffbauerdamm links, Reichstagsufer rechts, von der Marschall-Brücke zum Bahnhof Friedrichstraße

hat der Anhalter verhältnismäßig heil überstanden. Seit dem 17. Mai 1952 lenkten die Herren von Ostberlin die Züge aus der Ostzone zum Ostbahnhof, dem früheren Schlesischen Bahnhof, um. Es war das Ende des Anhalter. Er wurde gesprengt. Ein Fußgängertunnel zum ehemals gegenüberliegenden Hotel Excelsior ist mit Drahtverhau versperrt. Der Stettiner in der Invalidenstraße war seit jeher (lies: 1843) ein unscheinbares Gebäude, aber er legte Wert darauf, daß er der größte Bahnhof von Berlin war, wenn auch nicht gerade in der schönsten Gegend. Die Berliner wurden besserer Laune, wenn sie von ihm sprachen, vom ollen Stettina, und strahlten trotz der eintönigen, schmucklosen Mietskasernen, wenn sie sich ihm, zumeist nur einmal im Jahr, näherten. Denn das bedeutete Urlaub und Flundern und Sonnenbräune. Von hier ging's in wenigen Stunden über Stettin an die Ostsee. Kinder, an die Ostsee! Bis zu hundert trotz aller Vorbestellungen (seit Weihnachten!) überfüllter Sonderzüge verließen die Halle täglich von Juni bis in den August. Mit Körben, Kisten und Rucksäcken, in denen Bettwäsche, Koch- und Eßgeschirre verstaut waren, trottelten die Pferdedroschken Erster (weißer Zylinder) und Zweiter (schwarzer Zylinder) Klasse und die Autotaxen der BEDAG (beim Einsteigen denke an Gott!) herbei und schütteten Kinder, nichts als Kinder mit Schippen und Eimern und allmählich auch Vata'n und Mutta'n vor die Treppen zu den Bahnsteigen nach Swinemünde. Natürlich konnte man auch bis Danzig weiterdampfen. Aus dem Stettiner wurde 1950 ein Nordbahnhof, und der verschwand dann auch. Der Görlitzer am Spreewaldplatz war ebenfalls als Bau keine faszinierende Erscheinung. Aber da man von seinen Bahnsteigen für billiges Geld in den Spreewald und über Görlitz bis nach Hirschberg im Riesengebirge fahren konnte, erfreute auch er sich begeisterter Anerkennung. Seit 1963 ist auch er nicht mehr.

Nach der Zweiteilung ist Ende der Züge aus dem Westen der Bahnhof Friedrichstraße, einst das weltberühmte Symbol europäischer Verbindungen, der Eisenbahn-Mittelpunkt für das große Expreßnetz. Für den Osten ist's heute der Ostbahnhof, der seit 1842 als Frankfurter Bahnhof den Verkehr bis an die russische Grenze entließ. Eine Zeitlang nannte man ihn den Schlesischen Bahnhof, jetzt ist er Ost-Berlins bedeutendster Haltepunkt. Da gibt's auch noch zwei andere Kopfstationen in Schöneweide und in Lichtenberg . . . aber es klingt alles so fremd jetzt, so unendlich fremd.

Von der Potsdamer Brücke, die seit 1900 die Potsdamer Straße über den Landwehrkanal leitet, nahm der Berliner gewöhnlich keine Kenntnis, er erkannte sie als Brücke jedenfalls nicht an, er weigerte sich sogar, den korrekten Namen »Viktoria- und Potsdamer Brücke« zu gebrauchen. An beiden Ufern wohnten pensionierte höhere und sogar hohe Beamte. Der Blick auf das stille Wasser entzückte jedes empfindsame Auge. Man nannte die Uferwege »Das bessere Geheimratsviertel« im Gegensatz zu jenen Straßen hinter dem Potsdamer Platz, die durch gewisse Zimmervermieterinnen zum Kummer der Bewohner einen schlechten Ruf hatten. Die an der Brücke auf Fahrgäste wartenden Droschkenkutscher bestätigten auf Anfrage, daß der kleine, weißhaarige Herr, der oft stundenlang an der untersten Steinstufe der schmalen Landungstreppe träumte, Adolph von Menzel war.

Adolph von Menzel

◁ Potsdamer Brücke, die die Potsdamer Straße über den Landwehrkanal führt und eigentlich Viktoria- und Potsdamer Brücke heißt

◁ Herkulesbrücke über dem Landwehrkanal, nahe dem Lützowplatz, Zentrum des Kunst- und Antiquitätenhandels

Kemperplatz mit Rolandbrunnen, 1928

DEM DEUTSCHEN VOLKE

25 Millionen Goldmark kostete der Bau des großen Renaissance-Monuments Reichstag mit der erst 20 Jahre nach Vollendung hinzugefügten Widmung »Dem deutschen Volke«. Paul Wallot brauchte ein Jahrzehnt, bis er 1894 das Parlament, noch immer nicht ganz vollendet, feierlich eröffnen konnte. An den vier Ecken des Hauses erhoben sich 46 m hohe Türme. Ein Säulengebilde auf der weithin sichtbaren Glaskuppel mit vergoldetem Kupferbeschlag trug über einer Lampe die Kaiserkrone als höchste Spitze (75 m Gesamthöhe). Die Wandelhalle war mit buntem Marmorboden ausgestattet, und auch in den Korridoren, Schreib-, Lese- und Arbeitssälen war nicht gespart worden. Überall standen allegorische Figuren, sah man Wappenornamente und andere Ausschmückungen. Unter der Glaskuppel lag der große Sitzungssaal mit der Hofloge und den Sitzen für den Präsidenten, die Schriftführer, Minister, die unerläßlichen Stenographen, dem Rednerpult und den 397 Plätzen für »Rechts«, »Zentrum« und »Links«. In einer Wand waren die »Hammelsprungtüren«, von der Decke mahnte es in riesigen Buchstaben »Erst das Vaterland, dann die Partei«.

◁ Reichstag, Entwurf von J. P. Wallot, 1921
◁ Wrangel-Brunnen im Tiergarten, im Hintergrund die Siegessäule

Siegessäule 67 Meter hoch, 1873 eingeweiht

Siegesallee um 1901

Kaiser-Wilhelm-Gedächtniskirche zwischen Kurfürstendamm und Tauentzienstraße

Amerikanische Kirche in der Motzstraße nahe dem Nollendorfplatz, 1903

Seit der Brandstiftung von 1933 stand der Reichstag leer, während des Zusammenbruchs brannte er restlos aus. Erst 1963 wurde der Südflügel für das Parlament wiederhergerichtet.

Die Siegessäule wurde als Ehrenmal für die Siege von 1864 gegen Dänemark, von 1866 gegen Österreich und von 1870/71 gegen Frankreich auf dem damaligen Königsplatz (später Großer Stern) nahe dem Tiergarten aus dunkelrotem schlesischem Granit, aus Sandstein und aus Bronze vom Bildhauer Heinrich Strack zwei Jahre nach dem Siege bei Sedan der Öffentlichkeit übergeben. 285 Stufen einer Wendeltreppe führten im Innern zur Aussichtsgalerie. Der letzte Teil der Säule besteht aus drei Reihen von 60 vergoldeten dänischen, österreichischen und französischen erbeuteten Geschützrohren. Darüber schwebt die 8 Meter hohe Siegesgöttin, in der Rechten einen Lorbeerkranz und in der Linken einen Schild mit einem Eisernen Kreuz. Der Pyrmonter Bildhauer wählte für sein Werk seine blonde Tochter Margarete als Modell. Die Säule wanderte 1938, um mehrere Meter erhöht, vom Königsplatz, der in Platz der Republik umgeändert war, zum Großen Stern. Über die Siegesallee, die Wilhelm II. der Stadt schenkte, waren die Berliner nie glücklich. Seit 1901 zog sich die Allee der 32 marmornen Standbilder mit den brandenburgisch-preußischen Herrschern und ihren getreuesten Beratern vom Königsplatz bis zum Kemperplatz. 1938 marschierten die »Puppen« zum Großen Stern im Tiergarten, wurden aber bald darauf im Kriege »verwundet« und nach dem Fall von Berlin durch Feuer und Vandalenhände zerstört. Die Reste wurden im Schloß Bellevue vergraben.

Berlin besaß über dreißig Kirchen vieler Glaubensbekenntnisse, die meisten waren Gotteshäuser der Protestanten. Manche Bauten in Alt-Berlin gehörten zu den Sehenswürdigkeiten der noch kleinen Stadt, bis sie aus mannigfaltigen Ursachen der Spitzhacke zum Opfer fielen.

Eine der schon durch ihre Lage bekanntesten Kirchen ist die Kaiser-Wilhelm-Gedächtniskirche am Auguste-Victoria-Platz, dem heutigen Breitscheidplatz, an dem die Tauentzienstraße in den Kurfürstendamm mündet, und in den die Hardenberg-, Budapester, Kant- und Rankestraße laufen. Die Kirche ist, wie die Eingeborenen sagen, »halb Gotteshaus, halb Ruhmeshalle«. Sie wurde zu Anfang des Jahrhunderts von Franz

Schwechten in spätromanischem Stil aus hellgrauem Sandstein in Form eines lateinischen Kreuzes zur Erinnerung an Kaiser Wilhelm I. errichtet, dessen Gedächtnishalle unter dem Hauptturm lag. Damals war noch alles j. w. d. (janz weit draußen). Der Zug nach dem Westen hatte gerade begonnen. Die Fronten der Kirche schmücken auffallend große Fensterrosen. Der Platz war so geschickt gewählt, daß niemand in der weiten Umgebung weilen konnte, ohne das Gebäude zu sehen oder die Glocken zu hören. Berühmt wurden die Orgelkonzerte, dargeboten von Künstlern auf dem Instrument mit 90 Registern und 4800 Pfeifen. Alle Räumlichkeiten sind mit biblischen und geschichtlichen Darstellungen in Schnitzereien, Bildhauereien und in Ölgemälden geschmückt. Auch dieses Gotteshaus litt stark unter dem Bombenregen des Zweiten Weltkrieges. Ein Neubau wurde von dem Architekten Egon Eiermann von 1959 bis 1961 errichtet. Der beschädigte Hauptturm wurde flach geschnitten, Ergänzungsbauten wurden zugefügt, das Orgelspiel wurde auf 5100 Stimmen und 62 Register umgestellt.
Seit Beginn des Jahrhunderts erfüllte in stiller Zurückgezogenheit die Geistlichkeit der amerikanischen Kirche in der Motzstraße nahe dem Nollendorfplatz eine zweifache Pflicht: sie diente den Gläubigen der protestantischen und der griechisch-katholischen Bekenntnisse, die als amerikanische Bürger in Berlin lebten. Als die Geldsammlungen für den Bau der Kirche nicht ausreichten, half Rockefeller mit einer großen Stiftung. Seither war das Gotteshaus der Treffpunkt der amerikanischen Kolonie. Vom Bombenregen auf Berlin wurde auch diese Stätte in der Motzstraße nicht verschont. Erst 1957 eröffneten Offiziere und Beamte der in Dahlem und Zehlendorf stationierten Amerikaner in der Nähe des Hüttenweges gegenüber der Siedlung »Klein USA« eine neue amerikanische Kirche mit Gottesdiensten für beide christliche Konfessionen.

Ein Tempel der Buddhisten lag draußen in der Gartenstadt Frohnau am breiten Edelhofdamm. Man mußte durch ein künstlerisch geschnitztes Elefantentor schreiten, um über eine langgestreckte Steintreppe das Haus in einem Fichtenhain zu erreichen.
Der Berliner Arzt Paul Dahlke hatte 1923 den Tempel als Zuflucht in eine »Bessere Welt« begründet und damit der berlinischen Buddhistischen Gemeinde eine Stätte der Andacht gesichert. Während der Wirren des Zweiten Weltkrieges wurden auch diese Gläubigen zerstreut. Erst im Jahre 1955 setzte die Buddhistische Vereinigung in Ceylon wieder Mönche im Frohnauer Haus ein, das im Westsektor nahe der Grenze zum Ostsektor steht.

Buddhistischer Tempel, 1923 in Frohnau vom Berliner Arzt Paul Dahlke begründet

Eine andere Kirche, die durch ihre Eigenart besonders auffiel, war die orthodoxe Kirche am westlichen Fehrbelliner Platz, die Kathedrale des hl. Fürsten Wladimir. Sie ist ein strahlend weißer Bau mit vielen kreuzbesetzten Türmen. Ein großer grüner Hauptturm in Zwiebelform ragt in den Wilmersdorfer Himmel. Die Kirche wurde 1938 als orthodoxe russische Kathedrale eingesegnet. An der vorderen Rundung der Hauptfront lädt ein Schild in ein Café-Restaurant »Dom-Klause« ein.
Dicht bei der russischen Kirche ruft die Moschee der indischen Mohammedaner in der Brienner Straße ihre Gläubigen zusammen. Sie wurde in Form einer indischen Begräbniskapelle zwischen zwei hochragenden, nur als Schmuck verwendeten Minaretts aufgebaut. Das Gotteshaus trägt eine zwiebelförmige Kuppel. Die Türme wurden im Kriege zertrümmert. Bewohner aus Pakistan sorgten für die Wiederherstellung.

Mohammedanische Moschee in Wilmersdorf, 1928 im Beisein des Afghanischen Königs eingeweiht

Parochialkirche in der Klosterstraße, 1715 nach Nerings Entwurf von Philipp Gerlach beendet. Der Turm mit einer großen, offenen Glockenstube, mit einem berühmten holländischen Glockenspiel

Russische Kirche in Wilmersdorf nahe dem Fehrbelliner Platz, 1936

Friedrichswerdersche Kirche, 1825/28 von Schinkel geschaffener Backsteinbau, bei dem mittelalterliche Formen in klassizistischem Geiste verarbeitet wurden

Petrikirche in der Grünstraße, unsere Aufnahme 1931. 1847/53 von Heinrich Strack im gotischen Stil erbautes Gotteshaus

Kirche in Buch, Bezirk Pankow, 1731/36 von F. W. Dietrichs in Form eines griechischen Kreuzes erbaut

Eine seltsam streng anmutende Kirche steht in der Altstadt am Werderschen Markt: es ist die Friedrichswerdersche Kirche von 1825. Die Berliner nannten ihre im klassizistischen Geiste gestalteten mittelalterlichen Formen nach dem Geburtsort des Architekten Schinkel »Neuruppiner Gotik«. Man hat den zerstörten Bau wiederherstellen können.

»... daß Wir Otto von Gottes Gnaden Brandenburgischer Markgraf, fünf im Dorfe Sconenberghe gelegene Hufen zum ewigen Besitz als Eigentum übertragen haben«, heißt es in einer Pergamenturkunde vom 3. November 1264 – und seither träumte die Dorfkirche des Fleckens Schöneberg auf den (erst neuerdings ans Licht gebrachten) Ruinen der germanischen Semnonensiedlung aus den drei ersten Jahrhunderten. Genau weiß man nur, daß die »neue« Dorfkirche im Jahre 1764 eröffnet wurde. Sie hat gesehen, wie die »Insel der großen Höfe« je einmal in den beiden letzten Jahrhunderten ohne Zutun ein Märchen erlebte: um 1880 schüttete sich ein Goldregen auf die zu Millionenbauern gewordenen Schöneberger, als sie ihr Land den andrängenden Spekulanten verkauften, und seit 1950 wuchs das Stadtviertel zu einem wichtigen

Französischer Dom am Gendarmenmarkt, 1701 als Pendant zum gegenüberliegenden Deutschen Dom entstanden. Erbauer waren Cayard und Quesnay. Der Kuppelturm wurde 1780/85 von Gontard hinzugefügt

Schöneberger Dorfkirche, 1764 eröffnet. Vorn links im Bild das Pfarrhaus

Hedwigskirche, nahe dem Opernhaus, am Kaiser-Franz-Joseph-Platz. 1747/73 nach Angaben von Friedrich dem Großen von Jean Legeay gebaut

Nikolaikirche, nahe der Spandauer und Propststraße. Das älteste Gotteshaus der Stadt. Hier wirkte Paul Gerhard von 1657/66. In und an der Kirche ruhen bedeutende Staatsmänner und Pröpste

Mittelpunkt des westlichen Berlins unter den Klängen der Freiheitsglocke im Schöneberger Rathaus auf dem heutigen John-F.-Kennedy-Platz. Die Dorfkirche, die gegen Kriegsende Beschädigungen erlitt, wurde wiederhergerichtet und erfreut sich auch als Baudenkmal großer Beliebtheit.
Der Französische Dom am Gendarmenmarkt war als Pendant zum gegenüberliegenden Deutschen Dom, der Neuen Kirche, 1701 entstanden. Die französische reformierte Gemeinde ließ die Kirche nach einer zerstörten Gebetsstätte bei Charenton gestalten. Die beiden Kuppeltürme fügte Carl von Gontard auf Anregung des Alten Fritzen nach dem Vorbild der Marienkirche auf der Piazza del Popolo in Rom hinzu. Zweimal im Monat wurde hier in französischer Sprache gepredigt. Die Hugenotten, die der Große Kurfürst herzlich als Bürger in Berlin willkommen hieß, hatten nicht nur eigene Prediger, sondern bis 1809 auch eigene Richter. Im Zweiten Weltkrieg wurden beide Dome vernichtet. Das Hugenotten-Museum, das die geschichtlichen Zeugnisse der reformierten Gemeinde bewahrt, konnte gerettet werden. In Alt-Berlin hat es noch über 6000 Hugenottennachkommen gegeben.

Friedrich der Große setzte sich für den Bau der katholischen St.-Hedwigs-Kirche ein und wies dem Architekten Jean Legeay einen Platz nahe dem Opernhaus, dem späteren Kaiser-Franz-Joseph-Platz, für das »Friderici regis clementiae monumentum« an. Die Kirche wurde nach dem Vorbild des Pantheons in Rom erschaffen. Als Berlin 1930 zum Bischofssitz erhoben wurde, wählte man St. Hedwig zur Kathedrale. Kriegsschäden wurden ausgebessert, das Innere modernisiert.

Nahe dem Molkenmarkt stand schon um 1230 eine Kirche, die in den Urkunden als Nikolaikirche verzeichnet wurde. Sie ist nicht nur die älteste Kirche, sondern auch das älteste Bauwerk der Stadt. Während einer Erweiterungsarbeit stellte man 1880 den zweiten Turm auf. Beide Türme stehen auf Fundamenten der Anfangszeit. Das Bauwerk erlitt im Zweiten Weltkrieg gleichfalls schwere Schäden. Ein Bild der würdevollen

Schönheit ihres Innern findet man auf den Votivtafeln, die in der Marienkirche aufgestellt sind. Die Marienkirche steht, wenn auch in mehrfach veränderter Form, seit der Mitte des 13. Jahrhunderts auf dem Neuen Markt. Nach den Verlusten von 1943–1945 wurde sie zur ältesten Stätte, in der Gottesdienste abgehalten und gerettete Kostbarkeiten untergebracht sind, darunter die Reste des Lutherdenkmals. Auch das berühmte 20 Meter lange Wandgemälde »Totentanz« mit den plattdeutschen Versen aus dem Jahre 1485 ist hier zu bewundern.

Wer das eindrucksvolle Bild der Marienkirche eingehender betrachtet, wird auf der Fahrbahn (links) einen zweispännigen Omnibus der Linie 21 »in voller Fahrt« erkennen. Im gegenüber schreitet ein Berliner. Er ist elegant gekleidet, aber nach berlinischen Gesellschaftsregeln beileibe kein Herr, denn er trägt, wie man sieht, eine Schachtel und ein Paket, was kein wahrer Gentleman dieser Zeit tat. (Offiziere in Uniform durften nicht einmal Sechseromnibus fahren!) Der vor dem Fußgänger dahertrabende Bierwagen der populären Brauerei Julius Bötzow verdeckt auf diesem Foto (einst »Photo«) ein Kreuz neben dem Portal der Kirche. Es war ein Sühnesymbol, auf dem noch eine »Ewige Lampe« stehen sollte, für einen peinsamen Vorgang, der sich 1325 hier abgespielt hat. An einem der Augustmarkttage holte eine kaisertreue Volksmenge den zum Papst übergetretenen Propst von Bernau aus der Wohnung des ihm befreundeten Propstes von Berlin, zündete einen Scheiterhaufen an und warf den Geistlichen in die Flammen. Der Papst verhängte einen zwanzigjährigen Bann gegen Berlin und erzwang die Aufstellung jenes Sühnekreuzes und eines Altars.

Als der Große Kurfürst zu Ehren seiner zweiten Gattin Dorothea von Holstein-Glücksburg die Dorotheenstraße als sechsreihige Allee mit Linden und Walnußbäumen errichten ließ, gab er der alten Kirche ein neues Aussehen. Die Dorotheenstädtische Kirche wurde um 1800 die Kirche der »eleganten« Berliner Gesellschaft. Nahe dem Altar war eines der Erstlingswerke von Schadow:

Marienkirche am Neuen Markt, zweitälteste Pfarrkirche der Stadt aus dem 13. Jahrhundert. Der Turm wurde 1790 von C. G. Langhans neu aufgesetzt. In der Turmhalle der berühmte Totentanz. Vor der Kirche rechts das Luther-Denkmal

Dorotheenstädtische Kirche. An der südlichen Außenwand im Vordergrund das Grabmal der Anne Dorothea Therbusch, Malerin, gestorben 1782. An die Geschichte der Straße Unter den Linden erinnert das Grab des Weinhändlers Habel

Vollsitzung der Akademie der Wissenschaften; 1932: Prof. Max Planck, Prof. Max Rubner, Prof. Ernst Heymann, Prof. Eduard Stahmer, Prof. Eduard Spranger, Prof. K. W. Wagner

das Grabmal des neunjährigen Grafen v. d. Mark aus der Beziehung von Friedrich Wilhelm II. zur Gräfin Lichtenau. Die Kritiker priesen das Kunstwerk als den »Abschied vom Rokoko«. Im Zweiten Weltkriege brannte wie viele alte Häuser in der Dorotheenstadt auch die Kirche des Großen Kurfürsten.

Die Preußische Akademie der Wissenschaften, die zeitweise in der Potsdamer Straße 120 eine Unterkunft gefunden hatte, verschwand nach dem Zusammenbruch aus Berlin. Die Vertreter der westlichen Gelehrtenwelt übertrugen ihre Aufgaben einer der vier Akademien, die sich in der Bundesrepublik bildeten. Die Mainzer Akademie führte die Pflichten im Sinne der Berliner weiter. Im Osten entstand das gelehrte Gremium in den Räumen der ehemaligen Preußischen Staatsbank auf dem Gendarmenmarkt, den man in Platz der Akademie umbenannte.

Schon im 13. Jahrhundert führte ein großer Reiseweg von der Gertraudenstraße nach Sachsen durch die den Tempelherren gehörende Siedlung Tempelhof. Das bisher mit Büschen und Bäumen bepflanzte Feld vor den Toren der Residenzstadt benutzte der Alte Dessauer 1721 für eine Truppenschau. Seither hielten die preußischen Könige auf dem Tempelhofer Felde ihre Paraden ab, obwohl die Landwirte vor dem Kammergericht ihren Anspruch auf dieses Gelände durchfochten, gelegentlich sogar mit ihren Viehherden als Begleiter, um ihren Protestmärschen Nachdruck zu verleihen. Erst ein Jahrhundert später setzten sie durch, daß ihnen der Militärfiskus für die Überlassung der 12 km Felder eine ansehnliche Entschädigung zahlte. Das Tempelhofer Feld war der größte Paradeplatz in Europa mit Raum für 1 ½ Millionen Mann. Mit preußischer Sparsamkeit wurde hier aber auch eine Rennbahn eröffnet, man ließ die Turnvereine üben und Schulklassen spielen. Große Tage wurden die Gardeparaden, die Kaiser Wilhelm II. an jedem Maienende und in jeder Septembermitte abhielt.

FLUGHAFEN BERLIN

50
246

Die erste Straßenbahn der Welt von Lichterfelde Ost bis zur Kadettenanstalt, 1881
»Und hier, meine Damen und Herren, sehen Sie ...« Die ersten Auto-Stadtrundfahrten. Die Herren mit Zylinder, Bombe, Schlapphut und Schiebermütze
Noch bis zum Jahre 1923 fuhr der Pferdeomnibus durch Berlin

◁ Haupteingang zum Flughafen Tempelhof, unsere Aufnahme 1931

◁ 50 Jahre U-Bahn, von den Berlinern auch Kellerbahn genannt. 1902 eröffnet. Unser Bild stammt aus dem Jahre 1952. Berlins U-Bahn feiert ihr 50jähriges. 200 Ehrengäste besteigen am Schlesischen Tor einen Sonderzug, der sie zum Festakt ins Schillertheater bringt

Die Tribünen für 6000 Zuschauer waren monatelang vorher ausverkauft. Majestät liebte eine einsam stehende »Kaiserpappel« in der »Sahara von Berlin«. An der Spitze der Fahnenkompanie und der Standartenschwadron ritt der Kaiser zurück durch die mit Menschen überfüllte Belle-Alliance-Straße zur Friedrichstraße bis zu den Linden. – Auf dem Tempelhofer Feld haben die Brüder Orville und Wilbur Wright 1904 ihre erste Flugmaschine vorgeführt. Zwanzig schicksalsreiche Jahre später begann eine Privatgesellschaft das leerstehende Paradefeld in einen Flughafen zu verwandeln. Die Gründung der Deutschen Lufthansa (1926) mit der Zentrale in Berlin brachte es mit sich, daß ihr bald auch die Verwaltung des Flughafens Tempelhof übertragen wurde. Es war der einzige Großstadthafen, der nur 3½ km vom Stadtinnern entfernt war. An dieser Stätte begannen Hermann Oberth und Wernher von Braun im Juni 1930 ihre Raketenexperimente. 1934–1939 wurde der Flughafen modernisiert. Nach dem Kriege wurden zunächst die stark beschädigten Anlagen gesprengt, später aber wieder in neuester Form hergestellt. Vor dem Zugang steht seit 1951 das »Luftbrückendenkmal« zur Erinnerung an den Einsatz amerikanischer Transportflugzeuge, welche die von den Sowjetrussen verhängte Blockade Berlins unwirksam machten. Zur Entlastung des Flughafens wurde 1948 ein zweiter in Tegel innerhalb von einem Vierteljahr gebaut. Dritter Flughafen auf Berliner Boden wurde der von der Ostberliner Regierung in Schönfeld eingerichtete Platz. Der Ort Tempelhof, noch 1914 ein Dorf mit 24000 Einwohnern, entwickelte sich in einem halben Jahrhundert zu einem Stadtbezirk von 150000 Seelen.

Die erste elektrische Straßenbahn der Welt fuhr am 12. Mai 1881 von Lichterfelde Ost bis zur Kadettenanstalt. Werner von Siemens hatte eine elektrisch betriebene Bahn bereits zwei Jahre zuvor der staunenden Welt auf der Berliner Gewerbeausstellung vorgeführt, die für 2 Silbergroschen je 6 Fahrgäste in drei Wagen, über eine 300 m lange Rundstrecke in zwei Minuten transportierte. Größer noch war die Erregung in Berlin, als der Pionier von Siemens am 10. Februar 1902 zur feierlichen Einweihung der allerersten Untergrundbahn einlud. Die Berliner Straßenbahn erlebte ihren Höhepunkt 1938: sie beförderte jährlich 630 Millionen Fahrgäste auf den 71 Linien ihrer 1365 km langen Strecke. Die bis zu 90% Kriegsverluste an Anlagen und Wagenpark und die Zweiteilung der Stadt sind die Ursache, daß in West-Berlin nur noch 73 Millionen Fahrgäste jährlich die acht verbliebenen Linien auf 114 km benutzen. Für die Zukunft wird nur noch die U-Bahn und das Autobusnetz ausgebaut.

Die Stadt Berlin besaß schöne Palais, wobei der Berliner stets Mühe hatte, den Plural auszudrücken, denn es waren an die acht, meist Sitze für Mitglieder der königlichen Familien. Spricht der Berliner von Schlössern, meint er – mit Ausnahme des ehemaligen Kaiserschlosses – die zu Schmuckkästen ausgestatteten Luxusvillen, die zumeist zur Zeit des Großen Kurfürsten und seines naturliebenden Sohnes auf berlinischem Boden erschaffen wurden: in Köpenick, Oranienburg, Niederschönhausen und Friedrichsfelde. In erster Linie denkt der Berliner an das Schloß Monbijou am Ufer der Spree im Monbijoupark. Der Große Kurfürst hatte an dieser lieblich gelegenen Uferstelle einen Lustpark anlegen lassen wollen, der Plan wurde aber nicht verwirklicht.

Voran eines der ältesten Autobusmodelle Berlins. Nach der Unterführung dürfen diesmal ausnahmsweise auch die Fahrgäste der 2. Etage stehen.

Schloß Monbijou am Ufer der Spree im Monbijoupark. ▷
Durch Eosander von Göthe 1703 als Sommerhaus für den Grafen Wartenburg erbaut, später Hohenzollernmuseum

Schloß Friedrichsfelde, 1719 durch Martin Böhme aus ▷
einem Lusthaus des Markgrafen Albrecht Friedrich von Schwedt erbaut. Seit 1815 im Besitz der Familie von Treskow. Park durch Lenné großartig erweitert

Erst die Gräfin Wartenberg beauftragte zu Anfang des 18. Jahrhunderts den Architekten Eosander von Göthe, ihr dort ein Sommerhaus mit einem großen Garten zu errichten. Bald wurde das versteckte Idyll von der Krone erworben. Nach dem Deutsch-Französischen Kriege stellte man hier in einem »Hohenzollern-Museum« kulturgeschichtlich bemerkenswerte Standbilder und Andenken aus dem Alltag der Herrscherfamilie aus. Krückstöcke des Alten Fritzen und Kugeln, die ihn trafen, aus verschiedenen Schlachten, waren neben Voltaires Handschriften und Rubingläsern des Alchimisten Kunckel in 42 Sälen zusammengetragen. Das meiste ging im Zweiten Weltkrieg mit dem brennenden Schloß zugrunde. Der Park, wohl das Wertvollste, wurde wieder instand gesetzt.

Schloß Friedrichsfelde ist allein dem Schönheitssinn des Kurfürsten zu danken. Es steht inmitten eines großen Hains in dem Dorf Friedrichsfelde, das seit Anfang des 14. Jahrhunderts zu Berlin gehörte. Der Flottenchef des Kurfürsten, Benjamin Raule, baute sich dort draußen ein Sommerhaus, Markgraf Albrecht Friedrich von Schwedt erwarb es und gestaltete den Besitz in ein Schloß um. Friedrich der Große sicherte es sich für seinen Bruder Ferdinand, Napoleons Marschall Davoust richtete sich die Kostbarkeit als Hauptquartier her, der König von Sachsen zog sich um 1814 hierhin zurück. Nach den Freiheitskriegen kaufte die märkische Familie von Treskow den Sitz und blieb bis zum Einzug der Russen in dem mit vielen Opfern gepflegten Schloß, das jetzt ein zoologisches Museum ist in einem seit 1954 ausgebauten Zoo.

»Seine Kurfürstliche Durchlaucht und seine Gäste sind vor Plaisir über Tische und Stühle gesprungen«, berichtete 1695 der Gesandte von Hannover über das Einweihungsfest der »Lietzenburg«, die Kurfürst Friedrich III. für seine »intellektuelle« Gattin Sophie Charlotte, Freundin der Philosophen und Künstler, von Arnold Nering draußen auf dem Lande vor Charlottenburg erstehen ließ. Es wurde ein erquickender Reigen kunstliebender Herrscher (»fünf preußische Könige und ein Kaiser«), die ihre fähigsten Architekten von Göthe, Knobelsdorff, Langhans, Schinkel und Schlüter zu immer kostspieligeren Ausbauten bewegten, bis Charlottenburg ein würdiges Schloß in einem großzügig angelegten Park wurde. In dem Mausoleum

Schloß Bellevue im nördlichen Tiergarten, unsere Aufnahme 1940 ▷

Schloß Tegel, seit 1765 im Besitz der Familie v. Humboldt ▷

Schloß Charlottenburg, gebaut und ergänzt durch Nering, Eosander von Göthe, Knobelsdorff, Langhans, Schinkel, Gentz und Stüler. Heute steht im Schloßhof das Reiterdenkmal des Großen Kurfürsten von Andreas Schlüter

setzte man das Herz Friedrich Wilhelms IV. bei, es wurde zur Grabstätte der Königin Luise und vieler anderer Hohenzollernfürsten. Die Stadt Berlin und die Bundesregierung bemühen sich, die Schäden des Zweiten Weltkrieges auszubessern. Viele der neu eingerichteten Säle sind bereits dem Publikum (mit Filzpantoffeln) zugänglich. Der Neue Pavillon wurde zum Schinkel-Museum.

Ein anderes Schloß, das den Berlinern von jeher ans Herz gewachsen war, heißt – mit Recht – Bellevue. Es steht im Nordteil des Tiergartens, im Schloßpark Bellevue. Der Alte Fritz hatte das Barockschlößchen als Stadtresidenz für seinen Bruder Ferdinand, das Nesthäkchen, bestimmt. Es blieb bis zur Revolution 1918 im Besitz der Hohenzollern, wurde dann in ein Volksmuseum und im Dritten Reich in ein Gästehaus der Regierung umgewandelt. Nach dem Kriege blieb von Park und Schloß nicht mehr viel übrig. Die englische Königsfamilie, britische Städte und Mitglieder der englischen Shropshire Horticultural Society spendeten Büsche und Blumen für einen »Englischen Garten«. Das wiederaufgebaute Schloß wurde Amtssitz des Bundespräsidenten in Berlin.

Das Humboldt-Schlößchen Tegel war ursprünglich ein Jagdschloß, das ein Kurfürst seinem Geheimsekretär, dem Bürgermeister von Cölln, Hans Bredtschneider, zum Geschenk machte. Es war ein »stilles weißes Haus«, das seinen Namen den Nachbarn verdankte, die immer nur vom Schloß Tegel sprachen. Seit 1766 bewohnte es die Familie von Humboldt. Alexander, wie Wilhelm dort geboren, mochte »Schloß Langeweil« nicht, er überließ dem Bruder die Erbrechte zur Finanzierung seiner Weltreisen und kehrte erst zurück, als man ihn unter der ionischen Thorwaldsensäule auf dem Familienfriedhof beerdigte. Wilhelm ließ es 1822 von Schinkel vergrößern. »Ich will«, verkündete er, »Italien nach Berlin tragen.« Er hielt das Versprechen. Alle Kunstschätze, die Wilhelm als Gesandter in Rom gesammelt hatte, wurden nach Tegel gebracht. Das Schloß wurde zum Mittelpunkt des geistigen Berlins, nachdem in der Französischen Straße die Hausfrau Caroline ihren Salon für wissenschaftliche Prominenz aufgegeben hatte. Nach dem Zweiten Weltkrieg störten Eindringlinge den hier immer noch herrschenden Frieden und zerschlugen

Georg Alexander – erinnern Sie sich an die »Englische Heirat« mit dem unwiderstehlichen Fahrlehrer? Hier mit seinem Regisseur Hans Steinhoff

Filmlieblinge Harry Liedtke, Ossi Oswalda und Lien Deyers beim Gründungsfest des deutschen Bühnen- und Film-Klubs

unersetzbare Werte. Das Schloß selbst ist erhalten geblieben.

Ganz bescheiden und unscheinbar fing in Berlin die Flimmerkunst an, die stumme – noch vor dem Ersten Weltkrieg. Sie begann hoch oben auf dem Dach in der Blücherstraße im Dunst der Hasenheide von Berlin, im glasbedeckten Atelier des Photographen Franz Porten, wo es im Winter sibirisch kalt und im Sommer saharisch heiß war.
Wenn die schöne, blonde, blauäugige Henny, des Chefs zweitältestes Töchterlein, ihren Herzensschmerz über den getürmten Haderlump vorführte, bat der väterliche Regisseur: »Noch einmal Hennylein, aber mit tiefem Herzensgroll!« Jede Minute kostete bares Geld. Daheim dichtete seine Älteste, Rosa, die nächsten Rührszenen. Hennys große Konkurrentin war die dänische Tragödin Asta Nielsen. Ihr Landsmann Viggo Larsen hing über jedem Mädchenbett in Berlin, bei den Herren war es das Bild der süßen Mädchen Lotte Neumann und Wanda Treumann. Man begegnete den Köpfen auf allen Reklamelitfaßsäulen. Der quicklebendige Regisseur Max Mack lockte Literaten wie Paul Lindau in seine Netze und beschwatzte das Bühnengenie Albert Bassermann, ins lange belächelte Glashaus zu kommen.

Max Reinhardt zeigte mit seiner »Insel der Seligen«, welche Möglichkeiten auf der zappelnden Leinwand verborgen waren. Das Kabinett des Dr. Caligari machte die Spötter sprachlos. Der Berliner Komiker Ernst Lubitsch pfiff auf seine Pointen vom Spittelmarkt, inszenierte die Tragödie »Dubarry« mit Pola Negri, Harry Liedtke und Emil Jannings und öffnete neue Wege für Ausstattungsfilme. Paul Wegener triumphierte im »Studenten von Prag« und im »Golem« über das Vorurteil, daß ausschließlich schöne Menschen im Film auftreten können. Der Wiener Fritz Lang erfand das Gruseln mit seinem Spieler Dr. Mabuse, mit Metropolis

Loge auf dem Presseball 1929 in den Wilhelmshallen am Zoo. Von links nach rechts: Marlene Dietrich, Maria Paudler, Pirandello, Liane Haid, Max Hansen, Anita Davis, Anni Ahlers, Theodor Däubler

und all seinen folgenden mehr oder minder geschmackvollen Serien. Ossi Oswalda, Lil Dagover, Lee Parry und wie die schönen jungen Damen sich sonst noch nannten, kamen von überallher an die Spree, nach Tempelhof, nach Neu-Babelsberg, nach Johannisthal. Sie wurden von emsigen Propagandisten zu den Lieblingen Europas gemacht. Ein paar Wochen war man sogar in Berlin sprachlos, als der Film zu reden und zu singen begann. Ein Fräulein Dietrich aus Schöneberg rüttelte mit ihren Beinen zuerst in ihrer märkischen Heimat und später aus Hollywood die ganze Welt zu Jubel und Protesten auf. Fritz Lang mit seinem Kalt-über-den-Rücken-Läufer Peter Lorre machte Berlins Unterwelt und das Scheunenviertel bekannt. Es hat alles, vergessen wir es bitte nie, in Berlin begonnen.

So war's auch in der Theaterwelt mit ihren Sprech- und Singbühnen. Jeder Schauspieler, jeder Sänger, Regisseur, Dirigent, Musiker, jeder, der etwas in Dingen

Nur ein Beispiel von Hunderten . . . Noch ist das Orchester mit den Proben beschäftigt, da muß die Ankündigung schon überklebt werden: » Ausverkauft! «

Kein Saal schien groß genug

Generalmusikdirektor Wilhelm Furtwängler in den 20er Jahren mit den Berliner Philharmonikern in der Bernburger Straße

Deutsches Opernhaus in der Bismarckstraße in Charlottenburg. 1912 gegründet
Metropoltheater in der Behrenstraße nahe den Linden, der Tempel der Operettenrevuen

der Kunst bieten zu können glaubte und die deutsche Sprache beherrschte, kannte nur ein Ziel: Berlin. Hier stieß er auf dauernd »Brennende«, nach Besserem und Neuem fahndende Pioniere und Unternehmer. In den Elan der Ehrgeizigen mischte sich oft Bluff und Unvernunft. Eins ist zum Lobe der Stadt zuzugeben: sie hielten sich nicht. Im Feuer der Kritik und der Lippenpropaganda behauptete sich auf die Dauer nur die Qualität, mag sie manchem auch schmerzend auf die Nerven gegangen sein.

Eines der vielen Ziele für den Genießer klassischer Musik war die Berliner Philharmonie in der Bernburger Straße just hinter dem Potsdamer Platz. Das Haus war keineswegs schön, aber es war da, und so begnügte man sich. Ein Abonnement in der Philharmonie war wie eine Eintrittskarte zur Berliner Gesellschaft, wieviel sich der Besucher aus Musik

FRIDERICVS REX APOLLINI ET MVSIS

machte oder nicht. »Man « mußte, wenn man Wert darauf legte ein Jemand in Berlin zu sein, sein Abonnement besitzen und, was ebenso wichtig war, benutzen. Hier haben Hans von Bülow von der Gründung des Philharmonischen Konzerts 1882 bis 1894, Artur Nikisch bis 1923 und Furtwängler bis zum Einsturz der brennenden Mauern 1944 dirigiert. Als erste der neuen Kunststätten im Tiergarten entstand die alte Philharmonie neu. Das Deutsche Opernhaus in der westlichen Ausfallstraße, der Bismarckstraße in Charlottenburg, war seit seiner Gründung 1912 eine wahrhaft populäre Stätte der Opernkunst. Am Dirigentenpult standen Bruno Walter, Leo Blech, Wilhelm Furtwängler, Erich Kleiber, Otto Klemperer. Obwohl das Haus immer ein wenig im Schatten der Oper Unter den Linden stand, bot es großartige Aufführungen mit erstklassiger Besetzung. Nach Berlins Teilung kam die » Große Schwester « Unter den Linden unter Ostregie. Das im Kriege schwer beschädigte Haus in der Bismarckstraße wurde als » Deutsche Oper Berlin « in West-Berlin mit 1900 Plätzen wieder aufgebaut.

Wenden wir uns dem Metropol-Theater in der Behrenstraße nahe den Linden zu. Auch hier wurde Musik geboten, eine Musik völlig anderer Art, die sich weit über die Grenzen Berlins hinaus großer Beliebtheit erfreute. Es war nicht ein, sondern der Tempel der Operettenrevue. Zwei Jahrzehnte lang wurden die neuesten musikalischen Lustspiele mit den begabtesten Stars und den mitreißenden Ballettcorps vor ständig ausverkauftem Haus aufgeführt. Die raffiniert gemischten prickelnden Possenszenen bildeten mit aktuellen witzigen Chansoneinlagen die berlinische Sonderart Pariser Ausstattungsrevuen. Hier wurden die Schlager jeder Saison (meist nur zwei oder drei) von Fritzi Massary, Giampietro und Guido Thielscher aus der Taufe gehoben. Ihre Melodien wurden in Restaurants und Cafés gespielt, bis sie mit dem Leierkasten zum Volkslied aufstiegen. Noch heute hört man die

◁ Opernhaus Unter den Linden 1741/43 nach Entwürfen von G. von Knobelsdorff erbaut, nach dem Brand von 1843 von K. F. Langhans neuausgebaut, unser Bild um 1930

◁ Königliches Schauspielhaus am Gendarmenmarkt, von Schinkel auf vorhandenen Grundmauern 1818/20 erbaut. Den Giebel krönt ein Apoll im Greifenwagen. Schiller-Denkmal vor dem Schauspielhaus

Eine Ehrenloge in der Staatsoper Unter den Linden während einer Galavorstellung für König Fuad I. von Ägypten im Jahre 1929 mit Reichspräsident von Hindenburg

Volksbühne am Bülowplatz, erbaut 1913/1915, Architekt Oskar Kauffmann

Schillertheater in Charlottenburg, nach einem Umbau unter seinem Intendanten Heinrich George, 1938 ▷

Deutsches Theater nahe dem Schiffbauerdamm, zu erreichen durch die Albrechtstraße ▷

Schlager aus dem Metropol-Theater nicht nur als Repertoire von Kur- und Militärkapellen, sondern auch über alle Rundfunkstationen der Welt.

Friedrich der Große hatte es noch leicht, für jeden seiner Repräsentationsbauten einen geeigneten Platz ausfindig zu machen. Als er seinem Lieblingsarchitekten, dem aus der Lausitz stammenden Georg Wenzeslaus von Knobelsdorff den Auftrag gab, einen korinthischen Tempel für eine Oper zu schaffen, streckte er Unter den Linden den rechten Zeigefinger aus und befahl: »Von hier bis dort!« Der breite Platz davor wurde zum Opernplatz – später hieß er Kaiser-Franz-Joseph-Platz und jetzt, ein Spiegelbild weniger Jahrhunderte, Bebelplatz. Als »wahrhaft edle, fast klassische Formen« pries man den 1743 fertiggestellten Bau. Vater und Sohn Langhans bauten ihn jeweils aus. Anfang des 20. Jahrhunderts mußte aus Furcht vor Feuersgefahr das »wahrhaft edle« Äußere mit eisernen Nottreppen verunstaltet werden. Seither nannte der Volksmund das Opernhaus nur noch »Zum Treppchen«. Klassische Musik und Ballett wurden von den Hohenzollern-Intendanten (zuletzt Richard Strauss) in aufwendigsten Inszenierungen mit den berühmtesten Stars der Welt geboten. Auch als »Preußische Staatsoper« wurde die Stätte in den Zeiten der Republik würdig geleitet. Zwei Jahre nach Beginn des letzten Krieges wurde das Haus erheblich beschädigt, nach alten Plänen aber noch im Kriege wieder aufgebaut, bis es 1944 erneut schweren Schaden erlitt. Nach der Teilung der Stadt erhielt man (die vom Treppengerüst befreite) Front, erhöhte durch drei Ränge die Zahl der Sitze auf 1500, ließ aber zahlreiche alte Freunde über die Mauer nicht mehr hinein.

Das andere, gleichfalls vom Alten Fritzen begründete Theater, stand als »Französische Komödie« auf dem Gendarmenmarkt. Als es 1817 abbrannte, übertrug man Schinkel die schwere Aufgabe, auf den Grundmauern ein Theater im griechischen Stil neu zu erschaffen. Das

SCHILLER THEATER
20
Continental
Reifen
Continental

DEUTSCHES THEATER
Restaurant
DETE
Restaurant
DETE

Königliche Schauspielhaus wurde 1821 mit Webers »Freischütz« eröffnet. Es war der Auftakt einer weit über hundertjährigen Blütezeit. Nach dem Fall der Monarchie blieb das »Preußische Staatstheater« eine Bühne von hohem literarischen Niveau unter der Leitung von Jessner und seinem Nachfolger Gründgens. Schwere Schäden hinderten nach 1945 lange seine Wiederherstellung. Das vor der Freitreppe stehende Schillerdenkmal von Begas wanderte rechtzeitig nach Charlottenburg, wo es im Lietzenseepark aufgestellt wurde.

Eine der neueren Theaterbauten im Vorkriegs-Berlin war die Volksbühne am Bülowplatz. Ihr Erbauer war der Budapester Oskar Kauffmann, der auch das Hebbeltheater und später Reinhardts »Komödie« am Kurfürstendamm »inszenierte«. Die Volksbühne war die Gründung des »Vereins Freie Volksbühne«, einer »Kunstrebellengemeinschaft«, die seit 1890 entgegen der kaiserlichen Zensur für moderne Poeten wie Ibsen, Hauptmann und Strindberg eintrat. Zwischen 1918 und 1932 bot die »befreite« Bühne ihren Mitgliedern in reizvollem Wechsel alte und junge Dichtungen. Das gleichfalls niedergebrannte Gebäude dient heute in moderner Ausstattung den 25000 Mitgliedern der Freien Volksbühne, die als eine den Sowjet-Ideen angepaßte Theatergemeinde in Ost-Berlin leben. Die viermal größere Zahl der Volksbühnenfreunde des Westens erbaute sich in der Schaperstraße zu Wilmersdorf ein neues Theater und ernannte den aus New York zurückgekehrten Regisseur Erwin Piscator zum Leiter.

Charlottenburg baute sich 1906 das amphitheaterähnliche Schillertheater in der Bismarckstraße als volkstümliche Stätte für klassische und moderne Dramen und Lustspiele. Die Bühne wurde wie das gleichfalls als Schillertheater bezeichnete Haus in der Wallner-Theater-Straße geführt. Billige Abonnements sicherten beiden Unternehmen eine getreue Gefolgschaft. Auch dieses Haus wurde zur Kriegsruine. Heute gilt das

◁ Generalprobe in Max Reinhardts neuem Theater am Kurfürstendamm, in der »Komödie«, erbaut von Oskar Kauffmann

◁ Bühne des der Komödie benachbarten kleinen »Theaters am Kurfürstendamm«

Kroll-Oper am Platz der Republik nahe dem Tiergarten, oder »bei Kroll« wie die Berliner es seit 1844 nur kannten. Nach dem Reichstagsbrand tagten hier die Abgeordneten des Reichstages

Wallner-Theater, später in Schillertheater des Ostens umbenannt

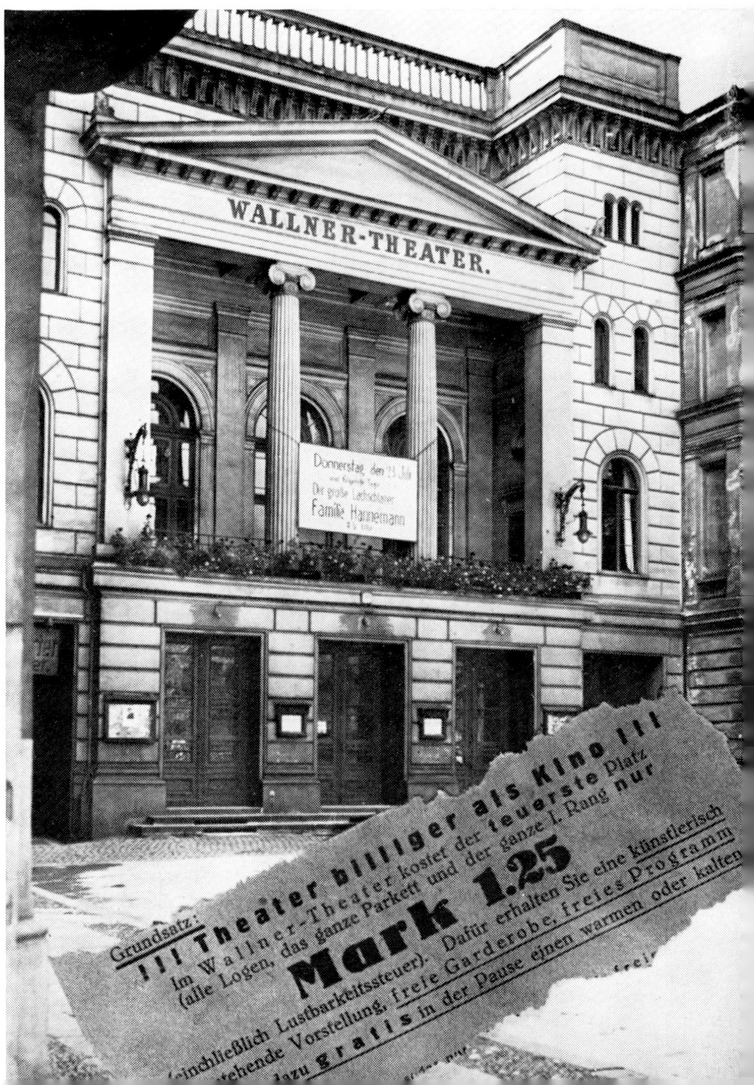

. . . und abends in die Scala! Das große Varieté in der Lutherstraße

wiederhergestellte Schillertheater als eine der führenden Bühnen von West-Berlin.
Das Deutsche Theater und sein räumlich kleiner Nachbar, die Kammerspiele, lagen abseits in einem vornehmlich den Medizinern reservierten Gebiet. Das Deutsche Theater war schon immer eine der berühmtesten Bühnen deutscher Sprache, im steten Konkurrenzkampf mit Wien. Nach einer glanzvollen Zeit unter dem Hamburger Dichter Adolph L'Arronge (»Mein Leopold«) und dem kämpferisch vordrängenden Hamburger Otto Brahm übernahm der aus Baden bei Wien stammende »junge Darsteller von Rollen alter Männer« Max Reinhardt nach überraschendem Erfolg als bahnbrechender Regisseur in zwei anderen Berliner Bühnen die Leitung des Deutschen Theaters. Er fügte als intimere Bühne die benachbarten »Kammerspiele«, später die aus der Zentralmarkthalle umgebaute Zirkus-Schumann-Arena als Großes Schauspielhaus für Pantomimen und Revuen und im Keller das literarische Kabarett »Schall und Rauch«, zuletzt noch die am Kurfürstendamm gelegene »Komödie«, seinem weit berühmt gewordenen Regiereich hinzu. Was Reinhardt an Ruhm für Spree-Athen erreichte, ist Theatergeschichte geworden. Als er die Stadt seiner Triumphe verließ, führte Heinz Hilpert das »Deutsche Theater« hervorragend weiter. Nach Berlins Zweiteilung wird in beiden Häusern die Sowjet-Kunst mit Eifer gepflegt.

»Neues Königliches Opern-Theater« war der amtliche Name des Etablissements am Königsplatz im hügeligen Grüngelände des Tiergartens. Der Berliner kannte es nur unter dem Namen »bei Kroll«, seitdem es seit 1844 als willkommener Palast gegen jede Langeweile mit einer sentimentalen Garten-Opernreihe eröffnet wurde. L'Arronge, der später das Deutsche Theater leitete, dirigierte hier als Musikstudent, wo Lortzing als Kapellmeister seine Gage zusammenkratzte, um nicht zu verhungern, bis er ein Jahr vor seinem Tode als Komponist endlich Erfolg hatte. Seit 1898 war es ein Opernhaus für fremde Truppen, das noch vor dem Ersten Weltkrieg durch Oskar Kauffmann (siehe Volksbühne) zur »Raffke-Rokoko-Perle« umgeändert wurde. Unverändert populär blieben die Militärkonzerte im Garten. In der Republik änderte man nur den Namen in »Platz der Republik«, und zur Zeit des Dritten Reiches tagten die Abgeordneten nach dem Reichstagsbrand »bei Kroll«. Es währte nicht lange, da ging alles in Rauch auf. Auf dem leeren Platz meldeten sich nach 1945 im Schutze der westlichen Freiheit radaufreudige Protestler, die der Berliner Humor unter der Rubrik: »Trafalgar Squaristen« ablegte.

Berlin besaß zwei Varietés, und beide wetteiferten darin, die besten Programme der Welt zu haben. Der Wintergarten im größten Gasthof der Kaiserstadt, im Central-Hotel gegenüber dem Bahnhof Friedrichstraße, hatte in seiner Bahnhofsriesenhalle einen verblüffenden Sternenhimmel. Es gibt wohl nur wenige Giganten der Varietékunst in der Welt, die sich hier nicht vor einem jauchzenden Publikum (und die Berliner konnten jauchzen!) produzierten. Dem Wintergarten gleich war die Scala in der westlichen Lutherstraße. Ihr Propagandamotto: » . . . und abends in die Scala, oft kopiert,

Admiralspalast an der Weidendammer Brücke. Früher Eispalast, dann Kino und Restaurant, schließlich Operettentheater

Wintergarten nahe Bahnhof Friedrichstraße im Central-Hotel mit der unvergeßlichen Sternenkuppel

Wittenbergplatz mit Tauentzienstraße. Rechts U-Bahnhof Wittenbergplatz, links das KadeWe, im Hintergrund Mitte die Gedächtniskirche

Rose-Theater in der Frankfurter Straße, mit dem fidelen Brüdertrio Rose, 1930

Romanisches Café gegenüber der Gedächtniskirche, Ecke Tauentzienstraße ▷

Nilpferdhaus im Zoologischen Garten ▷

nie erreicht!« wurde dankbar in den berlinischen Sprachschatz übernommen.

Es gab noch viele Bühnen, die den Berlinern und den Gästen aus der Provinz und dem Ausland über die Sorgen des Alltags hinweghalfen; das Theater im Admiralspalast, in dem man nach einer Kunsteis-Kunstära die anmutigsten Weltstadtrevuen bestaunen konnte, das Lustspielhaus mit den ausgelassenen Komödien, das Residenztheater, in dem treffliche Pariser Possen von kultivierten Schauspielern ins Berlinische übersetzt wurden, die Gebrüder Herrnfels am Alexanderplatz unter dem Stadtbahnbogen in ihren ungarischen Verwechslungsschwänken, das Rose-Theater in der Frankfurter Straße mit dem fidelen Brüdertrio Willi, Paul und Hans Rose (wo der Berliner stöhnte: »Männeken, halt mal für'n Ojenblick de Luft an«).

UFA
ALAST AM ZOO
Otto Gebühr
Lil Dagover
Die Tänzerin von Sanssouci
Mit
Hans Stüwe
Regie
Friedr. Zelnik
UFA-SINFONIE
ORCHESTER

MICHELS
MICHELS
MICHELS
Wolle
Samt

Gloria-Palast am Kurfürstendamm, das zweite Uraufführungstheater der Ufa

◁ Ufa-Palast am Zoo, das Uraufführungstheater der Ufa, gegenüber Bahnhof Zoo, unmittelbar neben dem Zoologischen Garten. Erinnern Sie sich noch an den Zeppelin, der an der Decke des Ufa-Palastes schwebte und Parfum zerstäubte, und gar der Kino-Orgel?

◁ Seidenhaus Michels mit den berühmten Schaufenstern, gegenüber der Kaiser-Wilhelm-Gedächtniskirche

Tauentzienstraße! Wie oft sind wir Pennäler aus dem nahen Mommsen-Gymnasium (links nur ein paar Schritte, da *war* es) von hier über den Wittenbergplatz auf der linken Seite und bitte nur links (ganz unpolitisch) die Tauentzien heraufspaziert und oben an der Ecke des Seidenhauses Michels (mit den unnachahmlichsten Auslagen Europas!) wieder bis zum KadeWe (Kaufhaus des Westens) zurückgetrottet und wieder herauf und wieder herunter – immer die gleichen Gesichter – gradeaus über die Joachimsthaler weiter bis zur Uhlandstraße und zurück. Aber da waren andere Kreise, nicht bessere etwa, nein, nur ganz andere. Und wieder völlig andere spazierten nie. Die saßen drüben an der Ecke Tauentzienstraße und Kurfürstendamm im Romanischen Café. In diesem recht düsteren, recht ungemütlichen Saal einten sich, fast bürokratisch streng geordnet, die Arrivierten und jene, die mehr zu können glaubten, aber von dem »Kritikerpack« und dem vertrottelten Publikum noch nicht anerkannt wurden. Jeder kannte jeden, eine Hälfte zahlte immer für die andere, wobei die Zechen dann oft Mark-Höhen erreichten. Die Ober in den wienerisch-weißen Schürzen kannten jeden ihrer Pappenheimer und jede ihrer augenblicklichen Außenstände. Fremde wurden menschenfreundlich, wie man an der Spree überall war, zugelassen, aber nicht in Gespräche verwickelt. Autogramme wurden nicht erteilt, weil sie keiner wollte. Die meisten Besucher des Romanischen sind längst tot, aber es wachsen die Legenden. Das Kaffeehaus müßte von der Schloßbrücke bis zur Halenseebrücke groß gewesen sein, wenn auch nur ein Bruchteil der Stammgäste dort verkehrt hätte, die es heute behaupten. Noch winziger im Raum war Schwannecke, ein Nachtlokal in der nahen Rankestraße, das der Schauspieler Schwannecke leitete. Von Conny Veidt bis herauf zu Rowohlt, von Ernst Toller bis ganz herunter, war eigentlich alles da, was sich eine Gulaschsuppe um Mitternacht

U

Ufa
UMZÜGE
A SCHÄFER

gesundheitlich leisten konnte. Schwannecke-Hochstapler, die dort verkehrt haben wollen, gibt es nur ganz wenige. Das hat seinen Grund: Schwannecke führte über jeden Besteller sorgsam Buch. Und dieses Kontrollbuch über Dabeigewesen oder nicht besitzt seine Tochter.
Kudamm nennen die Neuen die Ausfallstraße, die auf Betreiben des klugen Herrn von Bismarck in einer Breite von 53 Metern mit Platz für eine Dampfbahn und einen Reitweg bis zum Vorort Halensee angelegt und mit den ersten Luxushäusern (Wohnungen bis 18 Zimmer) an beiden Seiten geplant wurde. Die Berliner zwischen 1900 und 1930 und auch später haben das Wort Ku für ihren höchst verehrten Damm nie in den Mund zu nehmen gewagt. Der Kurfürstendamm jener Zeit hatte auch recht wenig mit dem heutigen

◁ Kurfürstendamm bei Nacht. Links Haus Wien, in der Mitte die U-Bahnstation Uhlandstraße

◁ Kabarett der Komiker, Lehniner Platz am Kurfürstendamm in Richtung Halensee, 1928

Willy Schäffers, Hausherr im KadeKo

Sonntagsbetrieb auf der Halenseer Brücke um die Jahrhundertwende

Boulevard zu tun. Dunnemals zerfiel der Damm in viele recht unterschiedliche Teile. Flanierstraße mit Cafés, Weinstuben und Geschäften war vor allem der Teil von der Gedächtniskirche bis zur Uhlandstraße. Und auch dort vornehmlich nur auf der linken Seite. »Drüben«, wie man die andere Straßenseite hinter dem Reitweg und den Schienen der Straßenbahnen nach Halensee nannte, waren nur wenige Läden, bis das ungarische Restaurant von Csardas Weiß und der Gloria-Palast das Vorurteil milderten. Hinter der Uhlandstraße war das Flanieren wie abgeschnitten. Dort begann die Luxusprivatwohnstraße der oberen Snobs. Ihre Equipagen und späteren Kraftwagen schwebten auf Gummirädern, und selbst die »Lektrischen Konduktöre« traten nur zart auf ihren Warnglockenknopf, um niemand zu stören. Die Läden lagen in den Nebenstraßen, auf dem Kurfürstendamm hätte sich kein noch so kühner Geschäftsmann die Mieten leisten können. Weiter »runter« hinter der Wilmersdorfer nahmen die »Herrschaften« wieder ab, jenseits der Halenseer Brücke wurde es fast kleinbürgerlich mit Läden in provinzieller Bescheidenheit. Erst nach dem Ende des Damms

Hochhaus in Charlottenburg, am Knie, am Beginn des Kaiserdamms, 1938

Reichskanzlerplatz und Heerstraße Richtung Havel, zur Glienicker Brücke, 1907, später wird hier das große Berliner Funkhaus gebaut

begann das Grunewaldviertel mit seinen Tipptopp-Villen.
Wenn man einem Gast imponieren wollte, schleppte man ihn zum Knie, einer Straßenmündung im Charlottenburger WW (Wilder Westen), und zeigte auf einen Rundbau-Koloß: »Ja, lieber Freund, das ist ein Wolkenkratzer.« Er kratzte zwar nicht einmal die niedrigsten märkischen Wolken, aber im Vergleichen mit anderen Weltstädten waren wir großzügig. Unser Knie hatte einen Kratzer, dixi. Über die Bismarckstraße, die schöne breite Allee, fuhren wir mit dem Fremden herauf zum Reichskanzlerplatz und führten ihm die weite, endlos weit und lang erscheinende Heerstraße vor. Da war ein Rondell für den Rundverkehr, wie wir es nur noch in der Friedrichstraße besaßen. Zwar war noch gar kein Verkehr da, aber bereit sein, sagten wir Berliner, bereit sein ist alles! Und der Funkturm! Das war ein Symbol der Weltstadt von morgen. Der Berliner stand mit beiden Beinen auf dem Boden der Tatsachen und haßte jeden Wolkenträumer. Aber wenn's um seinen Funkturm ging, schoß seine Phantasie immense Purzelbäume.

Funkturm, anläßlich der 3. Deutschen Funkausstellung 1924/26 gebaut, nach dem Entwurf von Heinrich Straumer. In 55 Meter Höhe ein elegantes Terrassenrestaurant

Bayerischer Platz in Wilmersdorf, ein sehr elegantes Wohnviertel, 1909

Zu den
AVUS
Terrassen
LEUNA BENZI

Man täte dem Berliner der Kaiserstadt wahrlich Unrecht, wenn man ihm nachsagte, er habe sich am leidenschaftlichsten für militärische Aufzüge interessiert. Ein beträchtlicher Teil der Bevölkerung bevorzugte schon in den Hohenzollernzeiten den Besuch einer friedlicheren Veranstaltung. Zum Beispiel das Pferderennen. Rings um die angewachsene Stadt gab es überall bequem erreichbare Bahnen. (» Bequem « war damals eine Fahrt mit der Pferdebahn, der Elektrischen, einer Bimmelbahn oder einem Kremser, wenn man zahlungskräftige Freunde hatte. In jedem Fall saß man recht eingequetscht auf einer solchen Reise.) Draußen im Grunewald hatte Otto March eine Rennbahn für Flach- und Hindernisrennen errichtet, während sein Söhnchen bereits am Plan seines Olympiastadions mit 100000 Plätzen radierte. (Klein Otto hat dreißig Jahre warten müssen, bis sich seine Träume erfüllten.) In Hoppegarten nahe dem Städtchen Strausberg war der feudale Union-Klub mit seiner Bahn für Flachrennen, nachdem er vom Tempelhofer Feld vertrieben worden war. In der Nähe von Karlshorst hatte der Verein für Hindernisrennen seit 1893 auf einem Teil des märkischen Treskowgutes eine Rennbahn. Eine andere war nahe dem Bahnhof Strausberg. Freunde des Trabrennens trafen sich in Weißensee oder in Ruhleben.

Radrennen fanden in Zehlendorf, Plötzensee und in Treptow statt. Die Berliner hatten eine berechtigte Freude am Strampeln, sei es um hinaus ins Grüne zu kommen, sei es beim Sechstagerennen. Erst als man 1921 auf der ehemaligen Strecke der ersten Eisenbahn Berlin–Potsdam (eröffnet 1836) die erste deutsche Autobahn AVUS (Automobil-Verkehrs- und Übungsstraße) mit zwei Rennbahnen von je etwa 8 Kilometer und einer Breite von 9 Meter bot, griff das Interesse bald stark auf die dortigen Rekordleistungen über (Ruhmestag 1937, als Bernd Rosemeyer in einem Auto-Union 283,3 km pro Stunde erreichte).
Im ersten Jahrzehnt des 20. Jahrhunderts war der Lunapark hinter der Halenseer Eisenbahnbrücke beim Restaurant » Terrasse am Halensee « die große Berliner Lustbarkeit. Für eine halbe Silbermark sah man den märkischen Himmel offen. Die stillere Idylle in den

◁ AVUS, erste deutsche Automobil-Verkehrs- und Übungsstraße mit zwei Rennbahnen. Hier fanden die großen Rennen mit Caracciola und Bernd Rosemeyer statt

◁ Rennbahn Karlshorst

Luna-Park (unsere Aufnahme 1925), große Vergnügungsstätte in Halensee, auf der gegenüberliegenden, hier leider unsichtbaren Seite, das Freibad Halensee, in dem ein großer Teil der Kinder aus Wilmersdorf, Halensee und Grunewald Schwimmen gelernt hat

Zelten im Tiergarten und beim Bockbierfest in der Neuen Welt auf der Hasenheide verblaßten gegen eine Todesfahrt auf der Riesenschaukel! Man konnte aber auch mit der Straßenbahn oder, wenn man ein Dutzend war, im Kremser nach Treptow fahren in eines der Lokale am Ufer der lieblich grünen Spree, oder mit der geheimnisvoll elektrisch geschobenen Fähre auf die Abtei oder ins Eierhäuschen und selig durchs Gehölz in den Plänterwald.
Die Sensation der späteren Jahre war »Treptow in Flammen«, ein Riesenfeuerwerk, ebenso laut wie bunt.

In der alten Fischerhütte am Schlachtensee um 1932 ▷

In Treptow, an den Ufern der Spree, Paradies der Sonntagsausflügler und der daheimgebliebenen Urlauber ▷

Wer die Ruhe der sonntäglichen Großstadt für eine Fahrt ins alte Berlin nutzen will, besteigt am Dom eine der letzten Pferdedroschken

Auf der Heerstraße hinter dem Reichskanzlerplatz. So sah ein Sonntagnachmittag um 1910 dort aus. Pferdedroschken, Fahrräder, Autos, Omnibusse, alles strebt den märkischen Wäldern und der Havel zu, die ganz Mutigen haben vielleicht Potsdam als Ziel

Wir märkischen Landratten hatten (und haben) eine richtige, waschechte Insel. Sie ist in der Havel, und man konnte (und kann) sie nur per Dampfer erreichen. Sie hieß Kaninchenwerder: aber als Friedrich Wilhelm II. ihre Schönheit entdeckte und für die Gräfin Lichtenau mit einer künstlichen Zweitürme-Schloßruine, einem Park mit seltenen Bäumen und mit Pfauen ausstatten ließ, erhielt sie den Namen Pfaueninsel. Sein Nachfolger Friedrich Wilhelm III. und seine Gattin, die berühmte Luise, vollendeten das Inselparadies mit Hilfe des Pariser Gartenkünstlers Lenné, begründeten mit ihrem Tierpark den späteren Berliner Zoo und verwandelten eine Holzbrücke hoch oben zwischen den Schloßtürmen in ein Prachtstück berlinischer Eisengießerei. Es ist noch alles erhalten und erreichbar.

◁ Kaffee und Rudervergnügen am Neuen See

◁ Wintervergnügen auf dem Neuen See im Tiergarten

Pfaueninsel mit Schloß, früher Kaninchenwerder, erst nach dem Einzug einiger Pfauen durch Friedrich Wilhelm II. umgetauft

Blockhaus Nikolskoe, im Hintergrund die Kirche St. Peter und Paul

Wassersportler in Berlin hatten auf den zahlreichen Seen im Osten und im Westen viele Möglichkeiten. In jedem Juni traf man sich zur zweitägigen Ruderregatta auf dem Langensee bei Grünau, im Mai und September zur Segelregatta auf dem Großen Wannsee und auf dem Müggelsee bei Friedrichshagen. Was dem steinernen Häusermeer noch fehlte, war ein Badestrand mit Körben – ohne vier oder fünf Stunden lang mit Bahn oder Auto an die Ostsee zu reisen. Die Frage wurde 1907 gelöst. Die Stadt wählte in der 800 Meter breiten Bucht am Großen Wannsee eine ausgedehnte Sandfläche und stattete sie mit allen Bequemlichkeiten für bade- und sonnenbedürftige Großstädter aus. Es entstand das größte Innenlandbad mit Strand für Zehntausende, selbst nach Jahrzehnten in Europa nicht überboten. Angesichts der heutigen Schranken ist das Stückchen Erde mit seinen Strandkörben und einem herrlichen Sand von noch größerem Wert für West-Berlin als je zuvor geworden.

Strandbad Wannsee in Zehlendorf, das größte Binnenstrandbad in der 800 Meter breiten Bucht des Großen Wannsees

Berlins Entwicklung zur Weltstadt ging in einem Tempo vor sich, daß sich oft innerhalb der Stadtgrenzen noch bäuerliche Bezirke erhielten. Beim Anblick der Windmühle auf dem Felde kommt der Leser kaum auf den Gedanken, daß sie auf berlinischem Boden der Neukölln nahen Gemeinde Britz (nach dem Gutsbesitzer Britzke) stand. Vor dem Ersten Weltkrieg lebte ein bedeutender Teil der 12000 Bewohner von Rosenzucht. Ein Halbjahrhundert später bildete Britz am Teltow-Kanal einen Wohn- und Industriebezirk mit U-Bahn, Bruno-Taut-Siedlung und der nahen Gropiusstadt.

Andere »Randgelände« widersetzten sich nicht nur jeder Industrialisierung, sie sträubten sich auch gegen jedwede Wohnkolonie – wie der Grüne Wald mit seinen verträumten Leistikow-Kiefernwäldern, märkischen Seen und historischen Stätten. Grüne Wald? Ich meine den Grunewald mit den Havelidyllen weit hinter Halensee bis nach Spandau und zum Potsdamer

Alte Mühle in Britz nahe Neukölln

Die kiefernumstandene stille Krumme Lanke

Forst. (Im Jrunewald war die letzte Holzaktion vor 1900.) Mit dem Kremser gondelte man hinaus, sobald es schön wurde, zur Krummen Lanke (nicht mit der gleichnamigen Krummen Lanke im östlichen Müggelheim zu verwechseln), wo zwischen sandigen Uferpfaden und dem Kiefernwald einer der fünfzig ausgegrabenen Urnenfriedhöfe ans Tageslicht kam.

Der Berliner zog durch den Grunewald zur Landzunge Schildhorn, hier botanisierte er oder fischte Moorkarpfen und gruselte sich am einsamen Selbstmörderfriedhof vorbei bis zum Denkmal für den letzten Wendenfürsten Jaczo, der sich an dieser Stelle durch eine an Wundern reiche Flucht vor Albrecht dem Bären ins Christentum rettete.

Er pilgerte zum Jagdschloß Grunewald, das Kaspar Theyss für seinen Kurfürsten Joachim II. und die Geschützgießerswitwe Sydow aus brandenburgischem Sand hervorzauberte. (Heute ist dort ein mit anmutigen Kunstgegenständen gefülltes Ersatzmuseum.)

Im Mai ging's hinaus nach Werder zur Baumblüte, zum Fest halb Karneval, halb Oktoberwiese. Singend zog das lenzliebende Berlin hügelauf und bergherunter – von einem Verkaufstisch zum nächsten mit den in Schnürbündeln verpackten Flaschen Kirsch- und Johannisbeerweins, der ebenso harmlos aussah, wie er beim Trinken sich tückisch auswirkte.

Botanischer Garten in Berlin-Dahlem. Geduldig warten jedes Jahr viele Bewohner der Stadt auf die sehenswerte Blüte der Victoria regia, die nur zwei Nächte lang blüht, in der ersten weiß, in der zweiten rosa
Dem Botanischen Garten schließt sich das Botanische Museum an

Baumblüte in Werder. In jedem Mai pilgern die Spree-Athener nach Werder und oft voll des süßen Kirsch- oder Johannisbeerweines wieder zurück, nicht ohne einen kleinen Vorrat an Flaschen mitgenommen zu haben

◁ Segelschiffe und Paddelboote auf der Havel bei Schildhorn. Wer lieber auf dem festen Lande bleibt, sonnt sich unter den Wipfeln einer Kiefer

◁ Jagdschloß Grunewald, 1542 nach Entwürfen von Kaspar Theyss erbaut im Auftrage des Kurfürsten Joachim II. für die Geschützgießerswitwe Sydow

U
REICHSSPORTFELD

Schon im Frühjahr 1913 bereitete Berlin sich auf die Olympiade von 1916 im Deutschen Stadion vor. Sie verblaßte vor den 11. Olympischen Spielen 1936 im neuerbauten Reichssportfeld, das nur eine, wenn freilich auch die größte Sportstätte für den Berliner Sportenthusiasmus war. Von Sport sprach erst in zweiter Linie, wer sich für das Berliner Sechstagerennen entzückte. Dieses strampelnde Gladiatorenfest brachte alles auf die Beine, was beim Publikum Rang und Namen hatte. In den Logen saßen die Sektstifter auf Firmenkosten, auf den Tribünen schrie man »Eine Kiste Cognac!«, und von der Galerie herab strömte der Mutterwitz der Spree-Athener, der zu jeder Zeit die ganze Welt entzückte. »Hundertvierundvierzig Stunden«, bedichtete Alfred Kerr den Sportrummel, »machen sie egalweg Runden. Wem zu stark die Rübe döst, wird vom Partner abgelöst.« Gepfiffen wurde vom Heuboden, gejauchzt auf den Sitzplätzen. Und in den Kojen massierten die Helfer, die Fahrer aber stöhnten oder schnarchten. Über allem ertönte das berlinische Volkslied von unserer Oma ihr klein Häuschen und der ersten und der zweiten Hypothek, die zu versaufen war.

◁ Olympiade 1936, U-Bahnhof Reichssportfeld, Einmarsch der teilnehmenden Nationen ins Olympia-Stadion

Jesse Owens, Olympia-Sieger im 100- und 200-m-Lauf und im Weitsprung (USA)
Sechstagerennen am 15. März 1909

Anderswo wurde der wahre Sport getrieben. Wenn's fror, lief man Schlittschuh im Tiergarten auf der Rousseauinsel, auf dem Neuen See, auf dem Treptower Karpfenteich, auf dem Rummelsburger See, auf den Gewässern im Grunewald, auf dem Berlin-Spandauer Schiffahrtskanal und auf vielen Tennisplätzen. Man konnte übrigens das ganze Jahr lang auf den künstlichen Bahnen des Admiralspalastes in der Friedrichstraße und des Eispalastes in der Lutherstraße Anmut mit Können verbinden.
Glanzlichter des Eissports aber waren das Paarlaufen des damaligen Weltmeisterpaares Herber/Baier und die Akrobatik des Clowns auf Schlittschuhen, Benno Faltermeier, aufregend auch damals schon die Eishockeyspiele auf dem Eis des Sportpalastes. Wer gesellschaftlichen Ehrgeiz besaß, bewarb sich um die Mitgliedschaft von Rot-Weiß am Hundekehlensee. Aber auch der Klub Blau-Weiß am Roseneck ließ auf Reputation schließen. Allerpopulärst waren allein die Fußballer.

Das deutsche Eislauf-Weltmeisterpaar Herber/Baier

Tennisklub Rot-Weiß im Grunewald. Zuschauer und Spieler erholen sich im Terrassengarten

Fußballmannschaft Hertha BSC stehend von rechts: Leuschner, Domscheid, Götze, Völker, Fischer, Tewes, kniend: Gülle, Kirsein, Grenzell, Sobek, Ruch

Hanne Sobek bei seiner Rückkehr aus Köln 1931, nachdem Hertha BSC zum zweiten Male die Deutsche Fußballmeisterschaft gewonnen hat

Von jeher spielte Berlin eine gewichtige Rolle in der deutschen Industrie und ihrer Verwaltung. Siemens begann am Anhalter Bahnhof schon 1847, lange bevor er seine Siemensstadt begründete. Seit 1867 arbeiteten die Lokomotivbauer von Borsig (heute in Tegel). Emil Rathenau rief die AEG ins Leben (1888). Da waren Telefunken (1903), Lorenz AG, Telefon-Mix und -Genest und die größte europäische Glühbirnenfabrik Osram. Aus der Fülle der Giganten wollen wir nur einige herausnehmen: Berliner Maschinenbau AG, Marienfelde, und Ludwig Loewe in Moabit, in Wittenau die Lindner GmbH., Ohrenstein und Koppel und die Askania Werke, Schering, Hans Schwarzkopf, Bechstein,

nicht zu vergessen die großen Druckereien wie Ullstein und Brauereien wie Berliner Kindl, Patzenhofer, Schultheiß, Engelhardt oder Sarotti und Hildebrandt, und nun gar die Banken . . .

Da sitz' ick da mit dett Talent . . . und kann es nicht verwerten, sagte Berlins Humorist Kalisch. Vieles ist in diesem Buch unerwähnt geblieben, und manches hier Gestreifte liegt schon so weit zurück, daß es ins Zwielicht gerät. Wir Berliner waren immer Perfektionisten und erfanden den Grundsatz: Dicht daneben is ooch vorbei! Wenn also der Leser hier etwas schief und da etwas anders sieht, teil's mir stieke, janz stieke, olla Freund, uff'ner Postkarte mit. Berlin hat viele Seiten. Es liegt eben im Auge des Beschauers. Goethe sagte zu Eckermann: »Haare muß man auf den Zähnen haben, und mitunter etwas grob sein, um sich in diesem Berlin über Wasser zu halten.« Und Tucholsky formulierte es ein Jahrhundert später: »Goldenes Herz – und eine eiserne Schnauze.«

Zählerbau bei Siemens im Schaltwerk Berlin um 1900

Luftaufnahme von Siemensstadt. Vorn das Wernerwerk für Fernmeldetechnik, dahinter das Werk für Meßtechnik, unsere Aufnahme 1930

BILDREGISTER

Der Verlag Karl Thiemig KG., München, erteilte uns die freundliche Genehmigung zum ausschnittweisen Nachdruck des Berlin-Stadtplanes.

Bildquellennachweis

Autor und Verlag danken den im folgenden genannten Archiven für die bereitwillige und freundlich gewährte Unterstützung mit Bildvorlagen:

Archiv Droste, Düsseldorf: 16, 22, 32, 42, 45, 50, 51, 52, 53, 54, 55, 57, 77, 80, 84, 86, 87, 88, 90, 91, 104, 109, 112, 118, 120, 121, 123.

Archiv Hans Tasiemka, London: 9, 21, 37, 47, 56, 72, 87, 109, 116.

Landesbildstelle, Berlin: 5, 6, 7, 8, 9, 10, 11, 12, 13, 14, 15, 16, 17, 18, 19, 20, 21, 23, 24, 26, 28, 29, 30, 32, 33, 34, 35, 38, 39, 41, 43, 44, 46, 47, 48, 51, 54, 55, 56, 57, 58, 60, 61, 62, 63, 64, 65, 66, 69, 70, 71, 73, 74, 75, 76, 77, 78, 79, 80, 81, 82, 83, 84, 87, 89, 95, 96, 98, 99, 101, 104, 105, 106, 107, 108, 110, 111, 112, 113, 115, 117, 119, 120, 122, 123.

Presseagentur Schirner, Berlin: 125.
Werner-von-Siemens-Institut, München: 126.
Staatsbibliothek, Bildarchiv, Berlin: 94, 104, 111.
Ullstein-Bilderdienst, Berlin: 14, 24, 25, 26, 27, 30, 31, 36, 37, 40, 48, 49, 59, 60, 65, 66, 67, 68, 72, 85, 91, 92, 93, 94, 97, 100, 101, 102, 103, 105, 114, 116, 121, 123, 124, 125.